AF192206

DIANE - SIE KAM VON DER VENUS

von

DANA HOWARD

Deutsche Übersetzung von

„Diane – She came from Venus",

Regency Pr. 1956

Klaus Mailahn, Seehausen (Am.) 2025

https://gcmm.jimdofree.com/

DIANE - SIE KAM VON DER VENUS

von

DANA HOWARD

Deutsche Übersetzung von
„Diane – She came from Venus",
Regency Pr. 1956
Klaus Mailahn, Seehausen (Am.) 2025
https://gcmm.jimdofree.com/

© 2025 Dana Howard

Verlag:

BoD · Books on Demand GmbH,
In de Tarpen 42,
22848 Norderstedt, bod@bod.de

Druck:

Libri Plureos GmbH,
Friedensallee 273, 22763 Hamburg

ISBN: 978-3-7693-5236-8

FSC
www.fsc.org

MIX
Papier aus verantwortungsvollen Quellen
Paper from responsible sources
FSC® C105338

INHALTSVERZEICHNIS

TEIL I: DIANES KOMMEN AUF DIE ERDE

1. KAPITEL

Überall auf der Welt bricht ein verheißungsvoller neuer Tag an. Ein triumphaler geistiger Sieg wird bald errungen werden. Viele Erdenbewohner werden ihn noch erleben, wenn er sich mit dem strahlenden Glanz des Sonnenaufgangs in den Morgenhimmel mischt. Mit Trompeten und Fanfaren wird das Neue Zeitalter eingeläutet. Wenn dieser wunderbare „Tag" anbricht, werden die Wesen aus der HÖHE auf die Erde herabsteigen. Sie werden dazu beitragen, die ganze menschliche Familie zu einer neuen Oktave des Lebens zu befreien. „Und er wird seine Engel senden mit großem Posaunenschall, und sie werden seine Auserwählten versammeln von den vier Winden ..." Matthäus 24,31.

Das „Kommen der Engel" wurde von allen Kanzeln auf der ganzen Welt verkündet. Wer und was sind diese" Engel? Sind es rüstige, ätherische Wesen, die geflügelt sind wie die Vögel und eine Leidenschaft für Harfen haben? Oder sind es Lehrer von anderen Planeten, die in himmlischen Glanz gekleidet sind und unaufgefordert auf unseren bedrängten Planeten gekommen sind, um uns, einer niedrigeren Lebensordnung, besser zu dienen?

Seit 1947, als die so genannten fliegenden Untertassen in großer Zahl an unserem Himmel auftauchten, haben viele intelligente Erdbewohner ihre Meinung radikal geändert. Die statische Betrachtungsweise ist der Verwunderung gewichen. Viele von uns stellen sich diese überlegenen Wesen gerne als Menschen wie wir selbst vor ... vielleicht weiter fortgeschritten auf dem Weg des Lebens. Es ist möglich, dass sie unser Wachstum und unsere Entwicklung von den Tagen unserer turbulenten Anfänge bis zu unserem heutigen Stand der Zivilisation beaufsichtigt haben. Vielleicht haben die Lichter ihrer „Kerzen" nie aufgehört zu brennen ... oder tief in den Archiven ihrer heiligen Tempel vergraben wurde unsere eigene New-Age-Charta verfasst. Mit anderen Worten: Sind sie nicht alle dienende Geister, ausgesandt, um denen zu dienen, die Erben des Heils sein sollen? (Heb. 1,14)

Wir leben in bedeutsamen Tagen. Im Herzen eines jeden neuen Zyklus gibt es einen entscheidenden Moment, und viele glauben, dass dieser Moment jetzt gekommen ist. Alles kann geschehen, von einem kleinen bis zu einem großen Wunder. Es kann heute geschehen, es kann morgen geschehen oder es kann noch viele Jahrhunderte aufgeschoben werden. Es liegt an uns. Diejenigen, denen zu Beginn dieser großen Epoche eine irdische Existenz vergönnt war, und diejenigen, denen es erlaubt sein wird, im Schatten ihres Endes zu leben, sind in der Tat die Bevorzugten. Am Anfang und am Ende dieser Epoche werden die universellen Weichen gestellt.

Die Zeit dazwischen ist erfüllt von der schleichenden Ausdehnung des Fortschritts. An der Pforte eines jeden großen Zyklus steht ein Leuchtfeuer, das den Weg weist. Während der langen Jahrhunderte der aufgezeichneten Ereignisse haben einige wenige Erdbewohner das

Flackern dieser himmlischen Kerze beobachtet. Heute kommen die Zeichen und Omen in immer größerer Zahl zu uns. Die winzige Hand des Schicksals führt uns zu diesem erhabenen Ziel. Mystiker behaupten, dass die Ankunft fremder Raumschiffe an unserem Himmel das bedeutendste Ereignis seit der Geburt Christi ist.

Ich stelle mir vor, was es für diese verwirrte Welt bedeuten wird, wenn die Wege des Weltraums erobert worden sind! Wenn wir sicher sein können, dass andere Planeten von Wesen wie uns bevölkert sind! Aber noch denkwürdiger ist es, wenn wir uns ihre wunderbare Lebensweise zu eigen machen können.

Aus der großen Masse der Menschheit gibt es immer einige wenige Herausforderer, die vorangehen müssen. Sie sind die Fackelträger. Diese Auserwählten, die Weber des Schicksals, sind diejenigen, auf die wir unseren Glauben und unser Vertrauen setzen müssen. Sie knüpfen die Fäden des Gewebes von morgen.

In jedem menschlichen Leben gibt es einen Wendepunkt ... einen Zeitpunkt, an dem eine überragende Entscheidung getroffen werden muss. Der Wendepunkt im Leben Ihrer Autorin kam vor sechzehn Jahren, als sie zum ersten Mal aus einem Holocaust aus heiligem Feuer heraustrat und „angeblich" auf den Planeten Venus teleportiert wurde. Damit dies von neuen Lesern besser verstanden werden kann, zitiere ich eine Passage aus dem ersten Buch, das kürzlich veröffentlicht wurde – MEIN FLUG ZUR VENUS (MY FLIGHT TO VENUS):

„Ich sprang auf, als wolle ich ein kosmisches Drama einläuten. Dann kam ES, „beginnend an meinen Knöcheln wie ein prächtiges Feuerwerk ... eine transzendente violette Flamme, die sich ausbreitete, bis sie meinen Körper wie eine Aura heiligen Feuers einhüllte. Während die Flamme an Intensität zunahm und sich über einen weiten Umkreis ausbreitete, raste sie durch jede Zelle und reinigte und läuterte sie. Kanäle meines Geistes, die zuvor fest verschlossen waren, öffneten sich wie eine verzauberte Lotusblume. Ich war lebendig, magnetisch, und ich spürte das Aufbrausen eines Enthusiasmus, den ich noch nie zuvor gespürt hatte. Mein Herz schlug in einem rhapsodischen Rhythmus und war im Gleichklang mit dem Herzschlag des Universums. Ich war nicht länger ein Bürger einer kleinen, gehemmten Welt, sondern ein Gast in der Universellen Welt. Ich war nicht länger ein separates Wesen, eine menschliche Persönlichkeit, sondern ein Teil und eine Einheit von jedem Zentimeter von Gottes herrlicher Schöpfung. In diesem Moment erkannte ich, wie andere vor mir, die wahre Bedeutung der EINHEIT und des EINSSEINS von ALLEN.“

Seit dem Beginn der „Ära der Fliegenden Untertassen" haben Viele behauptet, Kontakt mit fremden Raumschiffen aufgenommen zu haben. Einige behaupten, dass sie diese Besucher von anderen Planeten von Angesicht zu Angesicht getroffen haben. Tausende von Sichtungen wurden in öffentlichen Aufzeichnungen festgehalten. Unzählige weitere Tausende haben „etwas" am Himmel gesehen, aber nie über das Ereignis berichtet. Es ist natürlich klar, dass ein großer Prozentsatz dieser Berichte diskreditiert werden kann, aber es bleibt immer noch eine beträchtliche Anzahl von Sichtungen unerklärt. Unzählige Hunderte von intelligenten Menschen könnten wirbelnde silbrige Scheiben und leuchtende, blitzschnell fliegende Raumschiffe nicht ohne weiteres mit kosmischen Dunstschwaden und leichtsinnigen Möwen verwechseln. Und doch ist es genau das, was uns unsere Möchtegern-Oberen weismachen wollen.

Heute müssen sogar die „Sichtungen" in den Untergrund gehen. Spektakuläre Ereignisse am Himmel erreichen nur noch selten unsere Zeitungen oder andere Medien, die Nachrichten verbreiten. Die Gründe dafür liegen auf der Hand, und einige von ihnen sind gerechtfertigt und stichhaltig. Wir Erdenbewohner wurden nicht dazu erzogen, einer höheren Ordnung des Seins zu begegnen. Wir wateten durch Jahrhunderte der Konditionierung, beschwert mit dem Kriegsinstinkt. Mit einem traditionellen Chip auf der Schulter, einer Waffe und einem Säbel im Halfter halten wir es nicht für angemessen und passend, ihnen als Freunde zu begegnen.

Dies könnte der Grund dafür sein, dass man sie nur selten sieht, außer in den kargen Wüstengebieten und an anderen einsamen, isolierten Orten. Es könnte auch der Grund dafür sein, dass sie von den einfachen Leuten gesehen werden und nicht von unseren hohen Tieren. Die einfachen Leute haben in der „bombenfreudigen" Welt keine große Rolle gespielt. Der niedere Geist war ihr „Schutzschild" gegen die hasserfüllte Saat des Egos, die aufgegangen ist. Diejenigen, die behaupten, die Untertassen aus nächster Nähe gesehen zu haben oder in ihnen mitgefahren zu sein, sind dankbar und dankbar für diese goldenen Nuggets, die in höheren Gefilden abgebaut wurden. Diese Momente jenseitiger Erhabenheit könnten ihnen auch durch den höchsten Henkersstrick nicht entrissen werden. Die Scheiben am Himmel mögen für immer verschwinden, aber in ihren Herzen wird ihre eigene einzigartige Erfahrung nie ausgelöscht werden. Die Skeptiker und die Eingefleischten werden in den Himmel schreien, dass alles nur ein Mythos ist, aber diejenigen, die es mit eigenen Augen gesehen haben, werden ihre Meinung nie ändern. Sie gehen mit einem Lächeln auf den Lippen umher, denn sie wissen, dass die Zeit des Übergangs kommen wird; vielleicht werden auch die Skeptiker lange vor diesem Tag mit eigenen Augen gesehen haben. Sie werden schnell vergessen, dass sie jemals gezweifelt oder gespottet haben.

Skepsis ist immer dann vorhanden, wenn sich Veränderungen ankündigen. Es ist ärgerlich und schmerzhaft, wenn man von seinen vorgefassten Überzeugungen losgerissen wird.

Aus Furcht vor Gott und den Menschen zögern die eingefleischten Gruppen, Neuland zu betreten. Sie sind nur deshalb Skeptiker, weil sie sich weigern, die Beweise abzuwägen. Sie sind jetzt bei uns, und sie werden immer bei uns sein, also können wir sie vergessen. Auf der Erde beginnen heute Tausende, sich mit dem hoffnungsvollen Gedanken anzufreunden, dass wir in einer nicht allzu fernen Zukunft von Planet zu Planet reisen werden. Dann werden wir nicht mehr auf Visionen, inspirierte Botschaften und zufällige physische Kontakte angewiesen sein. Das, was uns jetzt noch geheimnisvoll erscheint, wird alltäglich sein. Wir sind ein Volk, das dazu neigt, alle revolutionären Ereignisse als phantastisch abzutun, aber am Ende entpuppen sich diese illusionären Phänomene meist als die wahre Realität.

Die erste Augenerfahrung Ihres Autors mit fliegenden Scheiben ereignete sich an einem Tag Mitte August 1952. Ich zitiere aus einem Nachtrag, der auf der Rückseite von MEIN FLUG ZUR VENUS beigefügt ist.

„Als ich mit meinem Auto durch die Wüste in der Nähe von Cabot's Old Indian Pueblo, Desert Hot Springs, Kalifornien, fuhr, wurde meine Aufmerksamkeit plötzlich vom Himmel gefangen genommen. Vor dem rot-goldenen Hintergrund des Sonnenuntergangs sah ich die exakte Nachbildung des mit Edelsteinen besetzten Raumschiffs, das mich Jahre zuvor zur Venus geflogen hatte. Es war von leviathanischer Größe und perfekt in jedem Detail. So weit über dem Mutterschiff, dass es ein pragmatisches Quadrat am Himmel bildete, befanden sich vier silberne Scheiben. Über der weiten, violett gefärbten Wüste sahen sie wie glänzende Monde aus. Von meinem Aussichtspunkt hoch über dem Dorf konnte ich deutlich die Strahlungslinien erkennen, die von dem größeren Raumschiff zu den kleineren Scheiben führten. Es war ganz offensichtlich, dass die Scheiben mit Hilfe der Sonnenstrahlung aufgetankt wurden."

Sicherlich ist dies ein Hoffnungsschimmer in unserer Welt des vergrößerten Atomwahnsinns. Wie viel sicherer würden wir uns fühlen, wenn wir wüssten, dass diese Überlegenen zu uns geschickt wurden, um uns zu helfen, unsere ekelerregenden Dummheiten aufzufangen? Um uns über die Schwelle des vor uns liegenden neuen Zyklus zu helfen.

Dies sind die Funken aus der zentralen Flamme. Auf unserem Weg ins Neue Zeitalter werden wir Zeuge des Spektakulären und des Bizarren in epischem Ausmaß. Der Übergang zu diesem zyklischen Wandel bedeutet, dass sich alles auf der Erde verändert ... vielleicht sogar das Antlitz der Erde selbst umgestaltet wird.

2. KAPITEL

JEDER große Weise hat gesagt: „Es gibt nichts im Universum, was nicht zu erreichen wäre." Alle Philosophen und Mystiker haben erklärt: „Was auch immer sich der menschliche Geist vorstellen kann, kann er letztendlich auch erreichen."

So einfach ist die Schöpfung und Neuschöpfung.

Der Wille zur Schöpfung ist in der gesamten Natur verwirklicht. Er steht hinter der Wissenschaft aller vorhersagenden Künste. Wir wissen, dass jede psychische Erfahrung aus dem Reservoir des Unbekannten zu uns kommt, aber sie ist nichtsdestoweniger real, denn sie kündigt das Kommen zukünftiger Ereignisse an. Wenn der Geist richtig eingestimmt ist, erfasst er den universellen Fluss des Lebens. Eines Tages wird die Wissenschaft erkennen, dass es nichts Übernatürliches gibt, sondern nur höhere Bögen des Natürlichen, die uns als Beispiel dienen.

Die Ankunft von Diane, der reizenden Dame von der Venus, mag die Welt als eine Erfahrung des „Wundersamen" bezeichnen, doch dieses seltsame Ereignis beweist, dass es irgendwo im Weltraum Punkte der Spezialisierung gibt. Obwohl der *Modus Operandi* eines solchen Phänomens noch jenseits des gewöhnlichen Verständnisses liegt, kann es intelligent erklärt werden. Ihr Autor nahm zum ersten Mal im Juni I939 Kontakt mit DIANE auf. Ich zitiere aus MEIN FLUG ZUR VENUS:

„Noch eingehüllt in den warmen Rausch des Geistes, richtete sich mein Blick auf einen knorrigen alten Baum, der die antediluvianischen Hügel überblickte. An den grotesken Stamm lehnte lässig ein weibliches Wesen von unübertroffener Anmut. Ihr Kopf strahlte wie mit einer Feuerkrone, goldene Haarsträhnen fielen sanft über ihre schönen, leicht olivfarbenen Schultern. Das seltsame, mystische Licht, das ihre dunklen, prophetischen Augen durchflutete, fügte all ihren anderen Reizen ein wehmütiges Etwas hinzu.

„Wie auf beschwingten Füßen schien ich auf dieses schöne Geschöpf zuzugleiten, so als ob sie mich erwartete. Lächelnd hieß sie mich Willkommen. ‚Hab keine Angst, Kind der Erde‘, sagte sie. ‚Öffne die Türen deines Geistes, und wir von den fernen Planeten werden in Dichtung und Gesang zu dir sprechen...‘

In diesem Moment sah ich zum ersten Mal ein wunderschönes raketenförmiges Schiff, das in der Luft schwebte, etwa hundert Meter über der Erde. Es ließ sich mit Worten nicht beschreiben. Im Wesentlichen schien es aus einer Art durchscheinendem Material zu bestehen, jedoch mit Gold und Edelsteinen besetzt zu sein. Eine fast unsichtbare Leiter reichte vom Schiff bis zur Erde, und ich folgte dem strahlenden Wesen gehorsam und ohne Fragen zu stellen die hauchdünne Treppe hinauf. An Bord angekommen, verschwand meine wunderbare Begleiterin, und ich sah sie nie wieder.“

Am 29. April 1955 kehrte DIANE zurück. Und so geschah es: Reverend Bertie Lillie Candler, von vielen als das größte physische Medium der Welt bezeichnet, hielt eine private Séance in der *Church of Divine Light*, 837 South Parkview Street, Los Angeles, Kalifornien, ab.

Ich hatte noch nie zuvor an einer Materialisierungsséance teilgenommen, und mein wissbegieriger Geist stellte alle möglichen Fragen. Als meine Gehirnatome gegen Ende der Sitzung vor Neugierde wirbelten, schien mir die „kleine weiße Kirche" von einer starken Schwingung elektrisiert zu sein. Dann, etwa zehn oder zwölf Fuß von dem abgetrennten Bereich entfernt, in dem Reverend Candler in tiefer Trance war, sah ich ein aufsteigendes Leuchten. Es war zunächst sehr groß, aber aus dieser phosphoreszierenden Substanz begann sich eine Form zu manifestieren. Sie unterschied sich deutlich von den anderen „Geistererscheinungen", denn sie wirkte wie ein Wesen aus Fleisch und Blut, dabei sehr zart in Charme und Auftreten.

Sie verlangte nach DANA. Überwältigt von Gefühlen, die ich nicht unterdrücken konnte, ging ich auf sie zu und stand nur wenige Zentimeter von der Erscheinung entfernt. Obwohl ich sie nicht sofort erkannte, wusste ich doch, dass sie mir auf seltsame Weise bekannt vorkam. Wie eine sylphidenhafte Göttin stand sie da, verbeugte sich zur Begrüßung vor den siebenundzwanzig Anwesenden und ließ den vollen Klang ihrer Stimme durch die kleine Kirche erschallen:

„ICH BIN DIANE. ICH KOMME VON DER VENUS.“

Nachdem sie sich an die Schwingungen gewöhnt hatte, schrumpfte sie, bis ich sie auf etwa 1,65 m Größe schätzte. Als sie ihren wohlgeformten Kopf zurückwarf und ihre perfekt gemeißelten Gesichtszüge enthüllte, gab es keinen Zweifel mehr an ihrer Identität. Sie war dasselbe „Wesen von unübertroffener Schönheit“, welches mich sechzehn Jahre zuvor zu dem wartenden Raumschiff begleitet hatte.

Ich war zunächst sprachlos, meine „Gedanken überschlugen sich. Schließlich gelang es mir, folgendes Worte hervorzubringen:

„Sind Sie meine Mentorin ... die Person, die mir diese wunderbaren Eingebungen gegeben hat?“ Sie antwortete: „Ja. Dies ist das erste Mal, dass wir von den größeren Planeten zu den Wesen der Erde kommen dürfen; von nun an werden wir immer bei dir sein.“

Diane führte dann einige Augenblicke lang tiefgründige Gespräche mit mir, an deren Inhalt ich mich später nicht mehr erinnern konnte. Bevor sie sich verabschiedete, drückte sie mir einen Zipfel ihres juwelenbesetzten Gewandes in die Hand, damit ich die Textur des Stoffes fühlen konnte. Ich identifizierte ihn schnell als von venusianischer Art.

Dann begann sie einen wunderschönen, rhythmischen Tanz vorzuführen, und eine Zuschauerin beschrieb diesen als „den Rhythmus der Meereswellen“. Schließlich wünschte sie uns allen eine gute Nacht und verschwand mit ihrer zarten Hand auf meiner Schulter im Nichts.

Lucile Points aus Los Angeles, eine der Suchenden, die in dieser denkwürdigen Nacht anwesend waren, sagt über dieses Ereignis:

„Ich hatte die Gelegenheit, vielen Materialisierungsséancen beizuwohnen, aber ich werde nie einen bestimmten Abend in diesem Frühjahr vergessen, als Reverend Bertie Lillie Candler eine ihrer sehr interessanten und inspirierenden Séancen hielt.

Ein wunderschönes, fleischliches Wesen kam, zuerst eher zögerlich, dann aber entschlossener und sprach: ‚Ich bin Diane. Ich komme von der Venus.‘ Da ich neben dem abgetrennten Platz saß, begrüßte ich die Schöne und fragte: ‚Mit wem möchten Sie sprechen?‘ Sie antwortete leise: ‚Ich möchte mit Dana sprechen.‘

Dana Howard trat auf sie zu, aber sie erkannte sie nicht sofort. Dana fragte: ‚Kenne ich Sie?‘ Diane antwortete: ‚Aber ja, meine Liebe. Ich bin schon einmal bei Ihnen gewesen. Ich habe Sie abgeholt, als Sie zur Venus geflogen sind.‘

Frau Howard fragte sie dann, ob die Botschaften, die sie seit der Veröffentlichung ihres Buches erhalten hatte, durch sie gekommen seien. Diane antwortete:

‚Ja. Ich habe versucht, Ihnen zu helfen, die Erfahrungen, die Sie auf der Venus gemacht haben, aufzuschreiben.‘

19

Sie hielt einen so interessanten Vortrag mit so viel Liebe und mit einer sanften, aber kraftvollen Stimme. Dann führte sie uns eine Art Schmetterlingswalzer vor, als ob sie auf Flügeln schwebte, wobei ihr wallendes, juwelenbesetztes Kleid in dem phosphoreszierenden Licht glänzte. Ja, ich kann wirklich sagen, dass dies die herausragendste Erfahrung meines Lebens war.

Lucile Points."

Frau Gladys Campbell aus Alhambra, Kalifornien, und ihre Freundin Frau Maude Haas, die beide an diesem Abend anwesend waren, gaben eine gemeinsame Erklärung ab:

„Am 29. April 1955 nahmen die Autorin, Frau Gladys Campbell und meine Freundin, Frau Maude Haas, an einer Materialisierungsséance in der Church of Divine Light, 837 South Parkview Street, Los Angeles, Kalifornien, teil ... das Medium war Reverend Bertie Lillie Candler aus Florida, eines der führenden Materialisierungsmedien dieses Landes.

Ich bin gerne bereit, nach bestem Wissen und Gewissen zu berichten, was ich gesehen habe, und Sie werden sich erinnern, dass ich, als Sie am Sonntag nach dem Besuch in der Pyramid Church in Alhambra sprachen, derjenige war, der aufstand und Ihre Aussagen über den Besuch von Diane bestätigte.

Es war wirklich eine wunderbare Sache, dabei zu sein und mit eigenen Augen eine so wunderbare

Persönlichkeit zu sehen, und ich weiß, dass Sie sehr erfreut und zufrieden sein müssen, dass die Fakten, die Sie in Ihrem Buch ‚My flight to Venus' der Öffentlichkeit präsentiert haben, auf so unerwartete Weise bestätigt wurden.

Mrs. Gladys Campbell,

Mrs. Maude Haas."

Der folgende Brief von L. M. Cahill ist noch aussagekräftiger:

Liebe Dana Howard,

„Seit vielen Jahren beschäftige ich mich privat und völlig unabhängig von meinem Beruf mit der Möglichkeit der Existenz vieler Naturgesetze, die die Erde und ihre Bewohner beeinflussen oder kontrollieren.

Diese Untersuchungen und Studien brachten mich zu Lebzeiten gelegentlich in Kontakt mit vielen Personen, die sich mit verschiedenen wissenschaftlichen Aktivitäten beschäftigten, darunter Millikan vom California Institute of Technology, Whitmore von der University of California und Pater Rikard von der University of Santa Clara.

Ich habe meine Untersuchungen und Studien auch in den Werken oder Aufzeichnungen vieler Personen durchgeführt, darunter von Jeans, Flammarion, Thompson, Kahn, Crookes, Lodge, Crandon, Prince und

Jesus von Nazareth, wie er im Neuen Testament beschrieben wird.

Gelegentlich habe ich über die Möglichkeit nachgedacht, dass die Existenz der irdischen Wesenheit nach dem Tod wissenschaftlich besser abgesichert ist und dass es ein Gesetz der Kommunikation geben könnte, das nicht nur für Personen gilt, die auf anderen Planeten leben, sondern auch für diejenigen, die einst als Personen hier bekannt waren, die aber in anderer Form an Orten leben könnten, die uns jetzt nicht bekannt sind.

Als ich im letzten Winter darüber informiert wurde, dass das große Materialisierungsmedium, Reverend Bertie Lilly Candler, zugestimmt hatte, ihre Kirche in Miami, Florida, im April 1955 für einige Wochen zu verlassen, um auf Bitten ihrer Pastorin, Reverend Beulah Englund, als Gastpastorin in der Church of Divine Light in Los Angeles zu fungieren, beschloss ich, zur Förderung einer Phase meiner Arbeit, um die Erlaubnis zu bitten, Zeuge einer oder mehrerer Materialisierungssitzungen zu sein, von denen man annahm, dass sie während des Aufenthalts von Reverend Candler stattfinden würden.

Nachdem diese Erlaubnis erteilt worden war, hatte ich das Privileg, über mehrere Monate hinweg Zeuge der Materialisierung vieler sogenannter „toter" Wesenheiten zu sein, die durch die Kraft von Reverend Candler in Reverend Englunds Kirche erschienen und nicht nur hörbar mit ihren Angehörigen sprachen, sondern auch gingen, tanzten und Lieder sangen.

Nachdem ich mehr als 500 solcher materialisierten Geistwesen sah und hörte, und nachdem ich persönlich mit mehr als zwanzig solcher Wesenheiten gesprochen habe, bin ich der Meinung, dass das Wesen „DIANE", das Ihnen am 29. April 1955 während eines Treffens erschien, bei dem Reverend Candler tätig war, ein völlig anderes Wesen war als die anderen. Es ist schwer, den Unterschied zu beschreiben, aber ich werde mein Bestes tun, was ich kann:

Sie war von menschlicher Gestalt. Eine schöne Frau, gekleidet in Weiß. Meterweise weich fließender Stoff, der den Eindruck von Chiffon vermittelte. Ich erkannte jedoch bald, dass sich unter dem weißen Stoff oder möglicherweise unter einem Teil desselben ein deutlicher blauer Effekt abzeichnete.

Ich hörte, wie das Wesen Ihren Namen sagte, und sah, wie Sie sich aus der Gruppe der etwa dreißig anwesenden Männer und Frauen lösten und auf sie zugingen. Das erste Wort, das ich sie sprechen hörte, war „Diane". Dann folgte ein Gespräch in leisem Ton, und wenn ich mich recht erinnere, sagte sie: „Diane ist mein Erdenname".

Die Wesenheit bewegte sich dann sehr anmutig vorwärts und auf die Mitte (von den Seitenreihen aus) der Kirche zu und vollführte einen Tanz von einer Art oder einem Stil, von dem ich vorher keine Kenntnis hatte. Die

Bewegung war rollend, wie bei Meereswellen; der Körper bewegte sich in einer rollenden Bewegung und in etwas, das wie ein Bogen oder eine Reihe von Bögen aussah. Der Tanz dauerte etwa eine Minute, und nach einem scheinbar letzten Wort an Sie verschwand das Wesen so plötzlich, wie es erschienen war.

Ich wäre sehr dumm, wenn ich versuchen würde, die Schönheit dieses Wesens oder den anmutigen Rhythmus ihres Tanzes oder den Duft zu beschreiben, der von ihr ausströmte. Ich mag den allgemein gebräuchlichen Ausdruck „nicht von dieser Welt" nicht, aber genau so erschien es mir und den Anwesenden.

Ich glaube, dass ich auf dem besten Wege bin, eine wissenschaftliche Erklärung für alle anderen Entitäten zu finden, wenn ich darum gebeten werde, aber für diese habe ich noch nicht einmal eine solide Theorie.

Mit freundlichen Grüßen,

L. M. Cahill."

Eine abschließende Erklärung von Reverend Beulah Englund sollte schlüssig beweisen, dass Diane keine gewöhnliche Materialisierung war, sondern etwas, das jenseits des Wissens aller Anwesenden lag:

„Liebe Dana Howard,

hiermit möchte ich Ihnen mitteilen, dass ich Reverend Bertie Lilly Candler seit vielen Jahren kenne und mich für die Echtheit ihrer Arbeit verbürgen kann. Sie hat viele, viele Male in meiner Kirche gewirkt und ihre Zuhörerschaft aus den höchsten Kreisen der Gesellschaft, aus Ärzten, Anwälten, Pädagogen - und einfach aus dem normalen Volk - gewonnen.

Was am 29. April in meiner Kirche geschah, betrachte ich als ein Wunder. Ich betrachte sie nicht mehr als eine Kirche, sondern als ein Heiligtum, das vielen Menschen bei ihren Problemen helfen wird.

Ich bedaure nur, dass ich einen Teil des Auftritts von Diane verpasst habe. Es war schon spät und zwei oder drei meiner Gäste mussten durch die Hintertür nach Hause gehen. Als ich zurückkam, sah ich die schöne Frau dort stehen und wusste, dass so etwas noch nie da gewesen war. Ich glaube aufrichtig, dass es sich nicht um eine Geistererscheinung wie bei den anderen handelte, sondern um ein physisches Wesen von einem anderen Planeten. Ob sie direkt von der Venus teleportiert wurde oder ob sie aus einem der Raumschiffe kam, die von Mitgliedern der Air Force über Mrs. Howards Heimatstadt zur gleichen Zeit gesehen wurden, als sie in meiner Kirche erschien ... ich weiß es nicht. Ich weiß nur, dass dies das größte Privileg ist, das Rev. Beulah Englund in diesem Leben haben wird.

Mit freundlichen Grüßen,

Hochwürden Beulah Englund."

Das Erscheinen der schönen Diane in der kleinen weißen Kirche in Los Angeles ist nur eine Seite des

25

Wunders, das am 29. April 1955 geschah. Draußen in der Wüste, wo Ihr Autor während der Ferienzeit wohnt, ereignete sich ein weiteres Wunder. Frau Barbara MacDonald, ein Mitglied der Ground Observation Corp, einer zivilen Agentur der Air Force, berichtete, dass ihre Himmelsbeobachter in der Woche von Dianes Besuch vier seltsame Schiffe hoch am Wüstenhimmel gesehen hätten. Hier gab es keine Möglichkeit für Irrtümer ... keine übertriebenen Gerüchte, denn alle Sichtungen waren das Ergebnis von Beobachtern, die zum Dienst eingeteilt waren, Freiwillige der Air Force, deren Aufgabe es ist, jedes ungewöhnliche Ereignis oder jedes außerirdische Schiff, das am Himmel gesehen wurde, zu erkennen und zu melden. Diese Himmelsbeobachter, die in verschiedenen Schichten arbeiteten, gaben alle denselben Bericht ab. Frau McDonald berichtet, daß H. A. Mooney, ein junger Mann, der sich gut mit Himmelsphänomenen auskennt und erst vor kurzem aus der Marine ausgeschieden ist, angab, ein riesiges Schiff sehr hoch über dem Wüstenhimmel gesehen zu haben, das sich mit einer verblüffenden Geschwindigkeit bewegte. Obwohl das Schiff von gigantischer Größe war, gab es kein Heckfeuer und es war absolut geräuschlos. Laut Mooney zeigte es eine lange Reihe von seltsam aussehenden Bullaugen, aus denen strahlendes Feuer strömte. Vor seinen Augen löste es sich in Nichts auf.

Frau McDonald berichtet weiter, dass einige Nächte später Jan Carlyle, die Sekretärin eines prominenten Anwalts aus Palm Springs, ebenfalls ein ordnungsgemäß bestellter Himmelsbeobachter, von einem ähnlichen Ereignis berichtete. Dieses Schiff hatte praktisch dasselbe Aussehen. Es wurde als ungewöhnlich groß beschrieben, hatte dieselbe lange Reihe von Bullaugen und fuhr mit sagenhafter Geschwindigkeit. Es war ebenfalls geräuschlos. Sie wiederholte im Wesentlichen dieselbe Geschichte wie der junge Mooney, und das Schiff löste sich in Luft auf, während der Beobachter es im Auge behielt.

Frau McDonald berichtete noch von einem weiteren, ähnlichen Vorfall. Rickey Anderson, ein weiterer Himmelsbeobachter und ein entschiedener Ungläubiger der „Untertassentheorie", berichtete einige Nächte später von dem Erscheinen zweier solcher Schiffe, die den Wüstenhimmel kreuzten. Er beschrieb das aus den Bullaugen strömende Licht als ein leuchtendes blauweißes Licht. Die Schiffe flogen in östlicher Richtung und er folgte ihnen über die kleine Stadt Thousand Palms, Kalifornien, doch wie die anderen verschwanden sie im unsichtbaren Nichts.

Wie mir versichert wurde, wurden alle vier Sichtungen von der Air Force offiziell als „unidentifizierte Flugobjekte" eingestuft.

Wiederum ein paar Nächte später wurden die Einwohner von Desert Hot Springs, Kalifornien, einem Kurort, zehn Meilen von Palm Springs entfernt, durch eine andere Art von Flugobjekt alarmiert. Joe und Marian

Merrick berichteten von einem Flug über den Himmel, fast direkt über meinem Haus:

„Es war 7 Uhr abends", sagen die Merricks. „Wir saßen auf unserer Veranda, als wir plötzlich ein seltsames Objekt am Himmel sahen. Der vordere Teil des Schiffes war eine riesige orangefarbene Scheibe, der hintere Teil bestand aus blaugrünen Lichtern, die über dem Wüstenhimmel zu leuchten schienen. Es war helllichter Tag, und die Sichtbarkeit über die Weite der offenen Wüste ließ die Sichtung wie in einem Flachbild erscheinen.

„Wir haben es ziemlich lange beobachtet. Es war windstill. Es war ein ruhiger, stiller Wüstenabend. Dann, so plötzlich wie es auftauchte, hob es mit großer Geschwindigkeit ab und verschwand in der Luft."

Joe und Marian Merrick,

Desert Hot Springs, Kalifornien.

Diese Sichtung wurde von zahllosen anderen Personen bestätigt, aber ich zitiere aus dem Munde von Mrs. Agnes Gentile, die seit vielen Jahren in der Wüste lebt und mit Wüstenhimmelphänomenen vertraut ist:

„Ich war mit den Kindern im Freien", sagt Frau Gentile. Meine kleine Enkelin hat es zuerst gesehen. Sie schaute nach oben und schrie. Da war dieses fantastische Ding - ein riesiger Ball aus orangefarbenem Feuer mit einem langen Schweif aus leuchtendem, blaugrünem

Licht. Es erschreckte die Kinder so sehr, dass sie schreiend in die Hütte rannten.

Alice Gentile.

Nun stellt sich die Frage, woher diese seltsamen Schiffe kommen? Gibt es transportierende Strömungen in der Atmosphäre, von denen unsere Wissenschaftler nichts wissen? Werden Reisen zu den Sternen alltäglich sein, wenn wir diese Geheimnisse erfahren? Noch einmal ... wurde die schöne Diane von einem dieser Schiffe „teleportiert" oder kam sie über die Wolken von der Venus? Sind die Schiffe mit einer Art Mechanismus ausgestattet, der sie unsichtbar macht, wie es den Anschein hat? Vielleicht sind teleportative Methoden die Antwort auf ihr plötzliches Auftauchen und ihr ebenso abruptes Verschwinden. In diesem Punkt scheint es keine abweichenden Berichte zu geben. Ihre Geschwindigkeit und Manövrierfähigkeit übersteigt unser Vorstellungsvermögen. Sie scheinen mit blitzschneller Geschwindigkeit durch den Himmel zu sausen und sich dann ohne eine Vorwarnung in Nichts aufzulösen.

Ist dies die Art und Weise, wie Gott seine Wunder vollbringt? Ist dies etwas, das wir uns von unserer eigenen unendlichen Zukunft erhoffen können?

3. KAPITEL

Woher kommen diese seltsamen Himmelsschiffe? Das ist eine Frage, die mir immer wieder gestellt wird. Aus vielen verschiedenen Berichten geht hervor, dass ihre Größe von einem Kinderspielzeug bis hin zu Schiffen vom Ausmaß eines Leviathans reicht. Es ist für die Erdbewohner nicht ganz überzeugend, dass zumindest die kleineren Schiffe über Millionen von Kilometern im Weltraum Luftwellen überwinden könnten. Die Wissenschaft kann diese Frage nicht schlüssiger beantworten als der Laie. An diesem Punkt können wir nur Theorien aufstellen. Um vorurteilsfrei denken zu können, müssen wir in der Lage sein, den Psychismus nicht als eine Art betörende Magie zu betrachten, sondern als eine wirklich reale Wissenschaft ... die Türen der Wahrnehmung öffnen sich für den Fluss der göttlichen Vision.

Es ist stets der Drang der Seele, sich selbst zu erkennen. Wenn wir uns selbst gegenüber fair bleiben, ist es nicht schwer zu glauben, dass tief im Herzen und in der Seele eines jeden Lebewesens der unbewusste Wunsch steckt, in den tiefen Abgrund des Unbekannten einzudringen. Das bedeutet, dass wir den Sehern und Mystikern den Vortritt lassen müssen. Sie wissen, weil sie irgendwann in ihrem Leben mit dem Wissen in Berührung gekommen sind. Der Mystiker sieht durch ein göttliches Fernglas. Er ist in seinem Wissen über das

Universum scharfsinnig, denn seine Wahrnehmungen haben sich erweitert, um das Unbekannte zu erfassen.

Die Geschichte des Mount Shasta wurde immer wieder erzählt, doch bis heute ist er das ungelöste Rätsel des Nordwestens der Vereinigten Staaten geblieben. Vielleicht kann sogar dieses Rätsel jetzt durch das Auftauchen von fliegenden Untertassen gelöst werden. Es ist nicht nur möglich, sondern wahrscheinlich, dass der Mount Shasta und andere hochgelegene geweihte Punkte auf unserem Globus die eigentlichen Konditionierungsstationen für Besucher aus dem Weltraum sind. Es wäre logisch anzunehmen, dass Reisende von anderen Planeten, wenn sie zum ersten Mal in unsere Erdumlaufbahn kommen, an unsere Atmosphäre gewöhnt werden müssten. Sie müssten sich nicht nur körperlich anpassen, sondern auch an unsere Denkprozesse. Wir Erdbewohner lernen, uns auch in kleinen Dingen anzupassen. Interplanetarische Besucher müssten sich notwendigerweise harmonisieren und in die gesenkte Schwingung unserer Erde einfügen. Ich zitiere eine weitere Passage aus „MEIN FLUG ZUR VENUS":

„Ich erinnere mich genau, als ich zum ersten Mal meinen Fuß auf die Venus setzte, trug ich das Gewand der Erde, aber es war alles so anders. Mein ganzes Wesen schien aus raren Essenzen zu bestehen". - Meine persönliche Erscheinung hatte sich verändert. Mit den erhöhten Schwingungen gab es ein Strahlen, ein Alphabet von Qualität, das ich auf der Erde nie gekannt hatte."

31

Auch wenn dies dem durchschnittlichen intelligenten Denken fremd ist, müssen wir erkennen, dass wir heute in der größten Ära leben, die die Menschheit auf diesem Planeten je erlebt hat. Dies führt uns aus den Grenzen des Gewohnten heraus und zwingt uns, neue Wege zu gehen. Es bringt uns immer näher an Ereignisse heran, bei denen die Sterne stillstehen. Sobald wir jedoch unwiderlegbar davon überzeugt sind, dass diese so genannten fliegenden Untertassen aus dem Weltraum kommen, werden wir in der Lage sein, die Ereignisse, bei denen die Sterne stillstehen, ohne Widerrede oder Fragen zu akzeptieren.

An dieser Stelle könnte das bisher ungelöste Rätsel des Mount Shasta ein wenig Licht in das weite Feld der Zweifel bringen. Seit mehreren hundert Jahren hüten die hohen, mit Kiefern bewachsenen Klippen des Mount Shasta ein Geheimnis, von dem viele glauben, dass es sich um eine längst verstorbene Tradition handelt. Es gibt Geologen und andere Wissenschaftler, die ihn für das älteste Land der Erde halten - ein geweihtes Stück Land, das von dem mythischen Kontinent Lemuria abgetrennt wurde. Viele glauben, dass dieses Stück Erde auf wundersame Weise den Katastrophen der Vergangenheit entkommen ist.

Seit vielen Jahren ist der Mount Shasta Gegenstand ernsthafter Untersuchungen, und zwar nicht nur von einigen wenigen, die in okkulte Überlieferungen und traditionelle Romantik vertieft sind, sondern auch von Wissenschaftlern, der Presse, Pädagogen und einfach guten Nachbarn, die in den Tälern unter den hohen

Gipfeln leben. Unzählige Menschen haben ausgesagt, dass sie bei zu vielen Gelegenheiten blauweiße Lichtströme gesehen haben, die von den Shasta-Höhen ausgingen. Diese Lichter tauchten auf, lange bevor Thomas Edison uns das elektrische Licht schenkte, und es heißt, sie reichten oft bis in den Süden der San Francisco Bay".

Das passt perfekt zu den Worten meines charmanten venusianischen Gastgebers:

„Es gibt viele Kontaktstellen auf eurem Planeten Erde", sagte er. „Punkte des Ein- und Austritts von Planet zu Planet. Das sind die Dreh- und Angelpunkte des universellen Bewusstseins, denn hier werden die bruchstückhaften Überreste der großen kontinentalen Geschichten in geheimen Archiven aufbewahrt."

Forschungen zufolge befindet sich der Staat Kalifornien auf sehr altem Boden. Tatsächlich wurde er oft als „die Wiege der Menschheit" bezeichnet, und nicht wenige glauben, dass er der tatsächliche Standort des sagenhaften Garten Eden ist. Von einem Ende des Staates zum anderen wurden Relikte ausgegraben, die uns in eine fast ausgestorbene Vergangenheit zurückführen. Die seltenen alten Bäume Kaliforniens, die Mammutbäume und die Redwoods, ganz zu schweigen von einem ungewöhnlichen Exemplar des Weihrauchbaums, der vor einigen Jahren in der Borrego-Wüste gefunden wurde. Es lassen sich genügend beweiskräftige Fakten zusammentragen, die darauf hindeuten, dass Kalifornien der Schauplatz des ursprünglichen Paradieses gewesen sein könnte. Der Mount Shasta gehört zu Kaliforniens noahischem Boden. Damit wäre der Gipfel des Mount Shasta der Kegel eines antediluvianischen Vulkans. Am Fuße des Berges, tief in den Felsen eingegraben, haben Forscher mehr als zwölfhundert Fuß Hieroglyphen gefunden, die bis heute nicht entziffert werden konnten. Diese Felsschriften sollen sich von allem unterscheiden, was der langen roten Linie der amerikanischen Indianer bekannt ist.

In den letzten Jahren erklärten viele Menschen, die in den tiefer gelegenen Gebieten leben, dass sie in vergangenen Zeiten oft Männer von seltsamer Erscheinung in ihrer Mitte gesehen haben. Sie wurden als groß und stattlich beschrieben, mit einer Aura von Reife und Weisheit, die sie von anderen Menschen unterschied.

Die Nachbarn berichten von blauweißen Lichtern, die durch die hohen Kiefern leuchten. Eine Zeit lang sorgten diese Lichtstrahlen in Pressekreisen für erhebliche Aufregung. In der Tat waren sie fast so provokant wie fliegende Untertassen. Es wurden fabelhafte Geschichten über sie gesponnen - wenn der Wind in eine bestimmte Richtung wehte, hörten sie oft seltsame Musik und laute Gesänge. Viele dieser Personen haben zu Protokoll gegeben, dass sie auch fantastische Himmelsschiffe gesehen haben, die am Himmel um Mount Shasta schwebten. Sie wurden als „merkwürdige silberähnliche Schiffe" beschrieben, die auftauchten und wieder verschwanden. Gelegentlich flog eines dieser Schiffe über den Pazifischen Ozean hinaus. Sie wurden von Seeleuten von der kalifornischen Küste bis zu den Aleuten gesehen. Und wieder wurden unzählige Forscher durch einen mächtigen unsichtbaren Strahl, der immer an einem bestimmten Punkt der Hochgebirgsbesteigung auftauchte, von ihren Forschungsreisen abgehalten.

Es scheint im Bereich des Möglichen zu liegen, dass der Mount Shasta - und andere unberührte, klare Punkte auf unserem Globus - die Konditionierungszonen für Besucher von anderen Planeten sind, wenn sie uns tatsächlich aufsuchen. Auch wenn wir sie als ein überlegenes Volk betrachten, sind sie immer noch Menschen. Jeder Fremde, der in unser Land kommt, müsste sich an die Lebensbedingungen und die Sprache anpassen. Auch sie müssten das tun.

All dies wirft eine weitere Frage auf ... waren diese seltsam aussehenden Männer, die so oft unterhalb der Klippen des Mount Shasta gesehen wurden, tatsächlich Venusianer? War der Mount Shasta schon länger eine ihrer Basen, als wir überhaupt wissen? Ihr Autor bestreitet die Tatsache, dass diese seltsamen Wesen die direkten Nachfahren der Lemurier sind. Das Muster unserer Erde ist eines des Aufstiegs und des Abstiegs. Was aufsteigt, muss auch wieder absteigen. Eine Blume blüht, wenn sie reif ist; dann verblüht sie und stirbt. Mit anderen Worten, wir müssen von einer natürlichen Prämisse ausgehen, von der aus wir unsere Überlegungen anstellen können. Es scheint, dass sie nach den Gesetzen der Blutsverwandtschaft den Verfall der Zeit nicht sicher überleben können. Im Laufe der Jahrtausende hätten sie aufgehört, sich weiterzuentwickeln und wären degeneriert. Auch wenn sie Flutwellen, Erdbeben und alle anderen Katastrophen, die die Erde für sie bereithielt, überlebt hätten, hätten sie dem natürlichen Erbe der Tradition nicht entkommen können.

Im Jahr 1930, kurz vor dem Tod des großen alten Indianerhäuptlings Francisco Potentio, befragte Ihr Autor ihn in der Hoffnung, etwas Neues über das Geheimnis des Mount Shasta zu erfahren. Häuptling Potentio, Gründer des märchenhaften Dorfes Palm Springs und einer der überlebenden Überreste des alten Cahuilla-Stammes, war damals hundertachtzig Jahre alt. Von ihm erfuhr ich zum ersten Mal von den silbernen Schiffen, die vom höchsten Punkt des Berges kamen und gingen.

„Himmelsschiffe kommen vom Morgenstern", sagte der alte Häuptling und deutete auf den Planeten Venus.

Noch einmal: Wenn diese seltsamen Menschen in Wirklichkeit die letzten überlebenden Funken eines längst versunkenen Kontinents wären, würden sie dann jahrelang verschwinden? Heute hört man nichts mehr von der seltsamen Musik, die von den Shasta Peaks ausgeht, und auch die seltsam aussehenden Männer, die vor ein paar Jahren in der Nähe von Weed, Kalifornien, im darunterliegenden Tal gesehen wurden, werden nicht erwähnt. Wenn sie immer noch dort sind, versteckt in den tiefen Einschnitten des Berges, warum hört man dann nicht mehr von ihnen? Warum haben sie sich in die

Abgeschiedenheit zurückgezogen? Dann gibt es noch einen anderen Gesichtspunkt. Wenn diese Menschen tatsächlich die letzten Überlebenden der Lemurianer sind, wer kann dann sagen, wie viel oder wie wenig lemurianisches Blut in unseren eigenen Adern fließt? Während ihres langen Aufenthaltes auf diesem Kontinent ist es möglich, dass viele von ihnen die kleine Gruppe verließen und in die Täler reisten. Es ist sogar denkbar, dass sie sich mit den Roten Männern jener Zeit vermischt haben. Als die Pilgerväter an unseren Küsten landeten, wurden sie von einer hoch entwickelten und freundlichen Ethnie von Indianern empfangen. Vielleicht waren sie die Söhne der Samen, die vom Morgenstern übriggeblieben waren.

Als sich meine Seele vor sechzehn Jahren auf den Weg zum Planeten Venus machte, war der Ausgangspunkt ein ebenso rätselhafter Gipfel - der Superstition Mountain in Arizona. Ein sogenannter Fluch liegt seit den frühesten Aufzeichnungen über den Superstition Mountain. Heute ist es unmöglich, die Zahl derer zu zählen, die bei dem Versuch, diesem mystischen Berg die Geheimnisse seines Goldes und seiner Schätze zu entreißen, ein unglückliches Ende gefunden haben.

Der Superstition Mountain scheint wie alle anderen heiligen Flecken der Erde stets von einem unsichtbaren Mantel der Macht geschützt zu sein - einem Strahl, der auf seltsame Weise verhindert, dass die Schritte der Menschen heiligen Boden betreten.

Heute bemühen wir uns in viele Richtungen, um unsere Weltprobleme zu lösen. Wenn unsere Probleme zu schwierig für uns sind, um sie allein zu lösen, ist es logisch zu glauben, dass eine höhere Lebensordnung geschickt wird, um uns zu helfen. Für die meisten von uns ist es schwer zu begreifen, dass das Gefüge der Zivilisation unserer Erde bedroht ist. Wenn wir über etwas spotten und spotten, das wir nicht verstehen, halten wir nur die Uhrzeiger zurück. In der Vergangenheit haben uns unsere eigenen sturen Fixierungen daran gehindert, in die Ferne zu blicken. Heute ist die ganze Welt raumorientiert. Wir beginnen zu erkennen, dass wir alle Teil desselben universellen Musters sind. Was immer wir zu „denken" vermögen, können wir auch zu tun lernen. Ob wir uns dessen bewusst sind oder nicht, wir sind mit unsichtbaren Verlängerungskabeln ausgestattet, mit denen wir eine eindeutige Verbindung zu allen Bereichen der Existenz herstellen können.

Wenn andere planetarische Wesen gekommen sind, um uns mit neuer Kraft und neuem Glauben auszustatten, ist es nicht notwendig, dass wir ein Abzeichen zur Identifikation tragen. Als Fremde, die in die Umlaufbahn unserer Erde kommen, würden sie natürlich die Gewänder ihres Aufenthalts mit den Gewändern der Erde vertauschen. Sie könnten zwar sofort auf unseren Planeten teleportiert werden, aber wenn sie nicht schon vorher hier waren, müssten sie sich genauso anpassen wie die Neuankömmlinge. Wenn sie vorhätten, für längere Zeit zu bleiben, müssten sie sich an unsere niedrigeren Schwingungen anpassen. Das könnte Jahre dauern, und deshalb bräuchten sie Konditionierungsbasen von der Art des Mount Shasta. Lasst uns nicht das diskreditieren, was wir nicht zu verstehen gelernt haben. Vielleicht ist die Botschaft, die sie uns zu überbringen haben, genau die Botschaft, auf die wir in den letzten zweitausend Jahren gewartet haben.

4. KAPITEL

Im großen Plan des Lebens ist jede Ebene der Manifestation genau so, wie Gott sie vorgesehen hat. Aber Gott wollte nie, dass wir träge und statisch werden. Der Wert, den wir aus dem Leben nehmen, ist der Wert, den wir in es hineinstecken. Die Gesamtsumme ist die Erfahrung, die wir machen. Wir können nur wissen, was wir erleben.

In den letzten acht Jahren hat sich ein neuer Typus von Wesen herausgebildet. Die Ära der fliegenden Untertassen hat die menschliche Familie tief gespalten. Es gibt Diejenigen, die von ganzem Herzen glauben, dass wir kurz vor einer vollständigen Mutation stehen, und Diejenigen, die die Tatsache nicht akzeptieren, dass „radikale Veränderungen im Gange sind". Die Gläubigen sind die selbst ernannten Pioniere. Der Reichtum des Bewusstseins, der von den Gläubigen erzeugt wird, kann die Reichweite unseres Ziels rasch erweitern. Er kann sich wie ein riesiger Pilz zu etwas ausbreiten, das viel größer ist, als jeder von uns ahnt.

Wir wagen es nicht, einen unserer Pioniere unter Wert zu verkaufen. Selbst das, was als reine Fiktion erscheint, kann sich als spiritueller Faden erweisen, aus dem sich größere Dinge weben lassen. Aus diesen goldenen Fäden werden neue Muster gewebt. Wir sollten es auch nicht wagen, die phantastischen oder illusorischen Dinge des Lebens zu ignorieren, denn damit verschließen wir uns wertvollen Erkenntnissen und Erfahrungen. Vielleicht erreichen wir nicht das gleiche Ziel, das wir anstreben, doch wenn wir aufgeschlossen bleiben und bereit sind, zu schauen und zuzuhören, zu forschen und uns zu engagieren, werden wir zumindest etwas Wertvolles aus unseren Versuchen gewonnen haben. Sich dem Fantastischen zuzuwenden, hilft dabei, Sinne zu entwickeln, die lange schliefen. Neue Sinne werden ins Spiel gebracht. Es gibt eine größere Genauigkeit in den Denkprozessen, wenn es ein bewusstes Erwachen und ein kooperatives Zusammenspiel zwischen Geist und Materie gibt. Wer sind wir denn, dass wir behaupten, unsere irdische Ebene sei alles, was es gibt? Unsere Bibel sagt: „Im Haus meines Vaters sind viele Wohnungen". In einem dieser Häuser werden wir mit Sicherheit die Pläne für einen neuen Lebensentwurf und einen noch sichereren Entwurf für den Sieg finden.

Das venusianische Konzept ist EIN UNIVERSUM. In all ihren wunderbaren Vorträgen hat DIANE Ihren Autor mit der Tatsache inspiriert, dass wir mit Hilfe der erweiterten Sicht nach Belieben in jeden Teil des Universums projizieren können. Auf diese Weise können wir die Quelle der „Universen" berühren. Indem wir unsere „Gedankenformen" erweitern und uns höheren und übergeordneten Kräften anschließen, können wir die alten, abgenutzten Konzepte stürzen und das schöpferisch Neue entfalten. Ich glaube aufrichtig, dass die Venusianer dazu beitragen können, dem Planeten Erde eine neue spirituelle Bedeutung zu verleihen. In der Tat ist dies ihr Plan und ihr Ziel. Wenn wir bereit sind, die entsprechenden Anstrengungen zu unternehmen, werden wir zweifellos eines schönen Morgens aufwachen und feststellen, dass sich die unnachgiebigen Mauern zwischen den Welten in Nichts aufgelöst haben.

Der Anbruch dieser wundersamen Zukunft ist nicht weiter entfernt als der Tag, an dem Christoph Kolumbus in die tiefen blauen Gewässer hinausfuhr, um neue Welten zu erobern. Die Menschen von damals hatten Angst vor dem Ergebnis. Sie grübelten über die gefährliche Reise dieses verrückten Abenteurers nach. Kolumbus fand das Land, das er entdecken wollte, nicht - doch er fand Amerika.

Die Ozeane der Welt sind erobert worden. Die Eroberung der Luftstraßen des Weltraums ist im Visier. Aber die Befürchtungen sind heute die gleichen wie zu allen früheren Zeiten. Tausende stellen sich die gleiche Frage. Kann es gelingen? Wird es noch zu meinen Lebzeiten geschehen? Diese und unzählige andere Fragen sind in aller Munde.

Es sind Fragen, die nur von denjenigen beantwortet werden können, die die Fähigkeit entwickelt haben, „darüber hinaus zu schauen". Nur sie können über die unsichtbaren Horizonte greifen, wo Entwürfe und Pläne zwischengespeichert sind. Nur sie können die Muster des neuen Zeitalters entwerfen.

Es ist viel einfacher, als wir denken, wirklich. Wenn wir auf den langen Blick von gestern zurückblicken und sehen, was der Mensch in wenigen hundert Jahren erreicht hat, wissen wir, dass jedes neue Ziel nur eine weitere Herausforderung darstellt. Wenn es uns gelingt, den Zyklus zu verändern, ohne dass die Zahnräder knirschen, ohne Leid und Blutvergießen, dann ist alles möglich, denn dann haben wir die Tür zu Wundern geöffnet. Sollte diese Veränderung der Zyklen jedoch kommen, während wir schlecht vorbereitet sind, wie in anderen vergangenen Zeiten, wird sie fast unweigerlich in einer Katastrophe enden.

Unsere Venus-Freunde versichern uns eine bessere Lebensweise. Wir sind uns unseres großen sozialen Bedürfnisses durchaus bewusst. Wenn es einen fortschrittlicheren Weg gibt (und ich bin mir sicher, dass es ihn gibt), warum sollten wir dann noch diesen angeschlagenen Planeten mit seinem Elend und seinen Sorgen mitschleppen? Wenn wir erst einmal ein konstruktives Bewusstsein aufgebaut haben, kann das im „Handumdrehen" geschehen. Die gleiche reiche Erfahrung, die den Venusiern bekannt ist, kann auch die unsere sein. Aber sie muss zuerst stellvertretend gemacht werden. Wenn wir in der Lage sind, das gesamte Universum im Bewusstsein zu verkörpern, werden wir eine tiefe innere Bewegung spüren, denn wir werden uns dem universellen Fluss geöffnet haben. Diese neue Herausforderung ist der erste große Schritt nach vorn. Wenn dieser Tag kommt, wird der Erfindergeist in zahllosen Menschen geweckt werden.

Interplanetarische Kommunikation und interplanetarisches Reisen werden bald Wirklichkeit werden.

Ob wir es wissen oder nicht, wir können diesen Tag beschleunigen. Es hängt alles von dem Bewusstsein ab, das wir darauf verwenden. Wollen wir, dass diese wunderbaren Venusianer uns als unentwickelte Kinder betrachten? Dass wir nicht erwachsen geworden sind? Wenn wir ihnen nur die Chance geben, können sie helfen, unser Leben neu zu gestalten. Von ihnen können wir neue Kraft und neuen Glauben aufnehmen.

Wenn wir einmal anfangen, auf diese neue Ordnung hinzuarbeiten, werden wir es als den größten Nervenkitzel empfinden, den wir je erlebt haben. Wenn wir wissen, wohin wir gehen, werden wir mit neuem Enthusiasmus erfüllt sein - mit neuer Antriebskraft. Wir werden vorwärts rasen, angetrieben von den rauschenden Winden.

Natürlich können wir wieder fallen. Unsere Geschichte beweist, dass wir schon viele Male versagt haben. Wenn wir dieses Mal versagen, werden unsere Freunde von OBEN, wenn die Zeit des Übergangs kommt, gezwungen sein, zu übernehmen und unsere Arbeit zu beenden. Das würde bedeuten, dass sich der lange Zyklus noch einmal wiederholt. Es könnte bedeuten, dass wir in einer verdunkelten Welt noch einmal von vorne anfangen.

Der Grundton der Venus ist die Schönheit. Die Venusianer leben für das Schöne im Leben. Sie glauben, dass selbst die profanen Formen durch ein prächtiges Leben verwandelt werden können. Das sollte eine gute Nachricht für uns sein. Es bedeutet, dass wir keine Opfer bringen müssen, um die größeren Werte zu erlangen. Es bedeutet, dass wir nur das Luxuriöse und Erhabene aufwerten müssen.

Wenn meine erweiterte Vision als Messlatte dienen kann, ist die Venus ein Märchenland - ein Märchenland voller schöner Obertöne und einer pulsierenden Lebendigkeit, die nur dem erhöhten Bewusstsein bekannt ist. Es ist dieses ekstatische Bewusstsein, das erkannt und verwirklicht wird, wenn Zeit und Raum transzendiert worden sind. Ich glaube aufrichtig, dass das Kommen von DIANE im Interesse unseres Schicksals ist - dass sie eine der Auserwählten ist, die auf diese Erde geschickt wurde, um dabei zu helfen, die frohe Botschaft einzuläuten, die vor langen Äonen prophezeit wurde. Alle Menschen, die an diesem Abend in der Kirche des göttlichen Lichts anwesend waren, stimmen darin überein, dass sie keine gewöhnliche geistige Manifestation war. Dass sie in einer öffentlichen Versammlung erschien, ist ebenfalls verständlich. Jesus sagte:

„Wo zwei oder drei in MEINEM NAMEN versammelt sind, da werde auch ich sein." Diane erschien in einem Haus der Anbetung. Unsere Kirchen sind der Vereinigung des Bewusstseins in Gebet und Hingabe gewidmet. Reverend Bertie Lillie Candler genießt internationales Ansehen. Sie gehört zur Elite ihrer Klasse. Glücklicherweise waren keine Zweifler anwesend, die einen negativen Einfluss ausgeübt hätten. Es scheint, als sei dieser Ort vorherbestimmt worden, um den Erdbewohnern zu beweisen, dass es möglich ist, das Bewusstsein auf dieselbe Weise zu manipulieren, wie ein Töpfer seinen Ton formt. Diane besaß die Fähigkeit, sich nach Belieben zu materialisieren und zu entmaterialisieren. Dies sollte uns eine Lektion in Symbolik sein. Denn symbolisiert es nicht, dass sie hier sind, um uns zu helfen, unsere alte Struktur niederzureißen und die neue aufzurichten? Sie sind die Botschafter der kommenden Dinge." Ich schaffe jetzt alles neu. An das Frühere wird man nicht mehr denken, und es wird einem nicht mehr in den Sinn kommen. Jes. 65,16.

5. KAPITEL

HÖCHSTE Augenblicke kommen zu uns, doch höchste Augenblicke sind flüchtig. Sie müssen auf dem Höhepunkt der Flut eingefangen und in das Gewand des Tages eingewoben werden, sonst können Jahrhunderte vergehen, bevor die Bedingungen für ihre Wiederkehr gegeben sind. Höchste Momente folgen auf die Prophezeiungen.

Wenn wir sowohl Fakten als auch Symbole zusammenfügen, sind wir einigermaßen sicher, dass diese Wissenden von fernen Planeten in der Vergangenheit viele Male ihren Einfluss auf unsere Erde ausgeübt haben. Doch wie DIANE sagte:

„DIES IST DAS ERSTE MAL, DASS ES UNS VON DEN GRÖSSEREN PLANETEN ERLAUBT WURDE, ZU DEN WESEN DER ERDE ZU KOMMEN." Bedeutet dies, dass es viele Venusianer unter uns gibt, die auf den Straßen der Erde wandeln?

Wenn wir in der Vergangenheit forschen, stellen wir fest, dass dreizehn Jahrhunderte vor Christi Geburt die Stimme der Venus durch Echnaton sprach, der den Historikern als der verrückte Pharao von Ägypten bekannt ist. Aton, wie ihn seine gläubigen Anhänger liebevoll nannten, bemühte sich nach Kräften, die Ägypter jener Zeit davon zu überzeugen, dass es nur Frieden geben konnte, wenn und wo die Brüderlichkeit der Menschen herrschte. Ägypten befand sich damals in der Kindheit des Zyklus. Das Übergewicht lag auf der Seite des Bösen. Die Ägypter hörten nicht auf ihren Propheten. Es folgte eine der blutigsten Zeiten in der Geschichte, die eine der größten Zivilisationen, die unsere Erde je gekannt hat, zu Staub zerfallen ließ.

Vor dieser Zeit hatten die alten Ägypter viele Götter verehrt. Sie hatten für jeden Tag der Woche einen Gott. So wie viele von uns heute Bilder und Symbole als geistige Stütze brauchen, brauchten auch sie etwas, vor dem sie sich niederwerfen konnten. Sie wollten glauben, dass es eine Gottheit gibt, die bereit ist, jeden noch so trivialen Wunsch und jede Sehnsucht zu erfüllen.

Echnaton war vielleicht einer der größten Hellseher, die je gelebt haben. Er erhielt seine göttlichen Anweisungen durch das Medium der Vision. Jeden Tag ging er in die glühende, sonnenbeschienene Wüste, wo er seinem EINEN GOTT Gebete darbrachte ... Er wusste, dass es nur EINEN GOTT gab, denn seine Visionen sagten es ihm. Dieser Gott war allgegenwärtig. Er war in den Bäumen, den Blumen, den Hügeln und den Meeren. Er war tief in den Herzen der Menschen verankert. Auch wenn viele Aton für verrückt hielten, liebten sie ihn doch. Als ihr Herrscher gewann Echnaton viele Bekehrte zu diesem neuen Glauben. Das war nicht leicht.

Für jeden Gläubigen gab es zwei Ungläubige. Damals wie heute wollte die Mehrheit an dem festhalten, woran sie gewöhnt war. Sie lehnten Veränderungen ab und waren bereit, Blut zu vergießen, um den *Status quo* zu erhalten.

Der fromme Aton ließ sich davon nicht abschrecken und sein Eifer wuchs ins Unermessliche. Tag für Tag setzte er, getreu seinen Visionen, seine Wanderung in die einsame Wüste fort, um Momente der heiligen Stille mit seinem Gott zu erleben. Als er zu ihnen predigte, kamen eine Zeit lang schnell Bekehrte. Er flehte sie an, an ihn zu glauben.

„Es gibt nur EINEN GOTT", predigte er inbrünstig. „Alle anderen sind nur seine Offenbarung."

Je intensiver er betete, desto höher erhoben die bösen Götter ihre hässlichen Köpfe. Die Bekehrten trennten sich von den Ungläubigen durch das Symbol, das sie am Körper trugen, ein Symbol, das uns heute als Anch (*Crux ansata)* oder Kreuz des Lebens bekannt ist. Dieser Kreis mit einem Kreuz darunter bedeutet, dass Gott eine Sphäre ist, in der jedes Lebewesen eingeschlossen ist. Es war dieses Kreuz des Lebens, das Ihren Autor zuerst zu der Erkenntnis brachte, dass die Venusianer ihren „Einfluss auf die alten Ägypter" geltend gemacht hatten. Auf „meinem Flug zur Venus" habe ich dieses Symbol überall gesehen. Die Venusianer zeigen das *Anch* so, wie wir unsere Nationalflagge zeigen.

Aton sagte seinem Volk, dass dieser neue Gott sie von ihren Ängsten befreien würde. Er würde die Dunkelheit wegnehmen. „Das Herz des Menschen ist dunkel", sagte er. „Viele denken, sie glauben, aber sie erkennen das Licht nicht, wenn sie es sehen."

Die Herrschaft des „verrückten" Pharao war nur von kurzer Dauer. Am Ende wurde viel Blut vergossen. Die dunklen Mächte gewannen die Oberhand, und Aton ging als kranke und desillusionierte Seele zu seiner Sterbecouch. Bevor er ins Jenseits ging, sagte er zu seinem Volk:

„Meine Augen haben alle Schranken durchdrungen, als wären sie Schranken aus reinem Wasser. Ich erblicke die Welt, die nach mir kommen wird. In dieser Welt gibt es weder Hass noch Angst. Die Menschen teilen ihre Mühen miteinander, und es gibt weder Kranke noch Arme unter ihnen. Alle sind Brüder und der Krieg ist verbannt."

Viele Jahrhunderte sind vergangen, und die Worte des ägyptischen Weisen sind noch nicht in Erfüllung gegangen. Die Saat, die wir heute ernten, wurde zu Beginn des gegenwärtigen Zyklus in Ägypten gesät. Damals waren die Herzen „verdreht und schattenhaft". Sie sind auch heute noch „verdreht" und „schattenhaft". Jede Generation hat sich auf der gleichen Tretmühle bewegt, die Kräfte des Guten gegen die Kräfte des Bösen aufgespießt.

Genauso ist die Wahrheit gestern, heute ... für immer dieselbe. Es sollte uns etwas bedeuten, wenn wir sehen, dass die Venusianer, unsere nächste Lebensordnung, schon seit der Herrschaft von Echnaton versuchen, uns zu beeindrucken und zu inspirieren. In unseren Herzen wissen wir, dass sie diese Aufgabe nicht für uns erledigen können. Wir müssen es für uns selbst tun.

Ägypten fiel, weil es sich weigerte, auf die Stimme von Echnaton zu hören. Es fiel, weil das Böse das Gute überwältigte. Der ägyptische Zyklus wurde eingeläutet. Er nahm seinen Lauf und endete mit dem traurigen Untergang eines großen Reiches. Aber wir glauben fest daran, dass die letzten Worte des ägyptischen Propheten eines Tages in Erfüllung gehen werden.

Der Große Echnaton war seinem EINEN GOTT bis zu seinem letzten Atemzug treu, aber am Ende hatte er nur wenige treue Anhänger. Diese wenigen blieben in ihren Herzen treu, aber sie waren stets darauf bedacht, das heilige Symbol vor den profanen Blicken ihrer Feinde zu verbergen.

Der Geist des großen Echnaton ist heute noch unter uns. Die Saat seines unerschütterlichen Glaubens wurde von Generation zu Generation weitergegeben. Seine Loyalität war großzügig und aufrichtig gegeben. Dieselbe Saat kämpft heute in der kleinen Handvoll Gläubiger darum, zu keimen.

Wie in den frühen ägyptischen Zeiten sind die Einflüsse der Venus überall um uns herum. Wenn wir nur an diesen Einfluss glauben, werden wir auf Flügeln des Glanzes zu den Bereichen des Erfolgs fliegen. Mit dem Glauben in unseren Herzen werden wir die Kraft finden, das zu erreichen, was wir uns vorgenommen haben. Für diejenigen, deren Wahrnehmungen akut geweckt sind, ist dieser himmlische Prunk kein Mythos. Es ist ein Wunder in der Evolution des Fortschritts. Es ist eines der Wunder unseres Zeitalters. Es kann das Muster der Ereignisse, die in unserem von Menschen geschaffenen Universum ablaufen, verändern. Sie wird eines Tages unsere Welt revolutionieren.

Damit liegt die Last auf den wenigen, die entweder physisch oder anderweitig Kontakt aufgenommen haben. Ihr solltet euch unermüdlich bemühen, die Botschaft an die weniger Glücklichen weiterzugeben. Viele werden zuhören, wenn man sie auf die „richtige Weise" anspricht. Es ist ein wunderbares Gefühl, zu wissen, dass wir vom Jenseits unterstützt werden.

Künftig wird es Menschen geben, die manchmal nahekommen, dann wieder werden sie weit weg zu sein scheinen. Diejenigen, die ernsthaft suchen, werden Hilfe aus dem Jenseits erhalten.

Wenn das Muster der vergangenen Zeiten befolgt wird, können wir nicht erwarten, dass diese Hilfe ewig anhalten wird. Während sie jenseits des sichtbaren Horizonts immer da sein werden, um von denjenigen kontaktiert zu werden, die auf sie eingestimmt sind, können wir nicht erwarten, dass die warme Kameradschaft ihrer Gegenwart andauert, wenn wir nicht die Gelegenheit nutzen, die sich uns heute bietet. Wenn wir uns an die Linie halten, könnte die Reise zu anderen Planeten viel näher sein, als wir denken.

Viele stellen die Frage: War der ägyptische Zyklus der einzige Beweis, den wir für das Kommen der Venusianer hatten? Denken wir einen Moment nach: Auf halbem Weg zwischen dem ägyptischen Zyklus und unserer modernen Zeit wurde das Christentum eingeführt. Damals standen Zeichen und Omen am Himmel, genau wie heute.

Jede kirchliche Lehre hat gelehrt, dass die „Geburt des Christus-Zyklus" durch das Manövrieren eines seltsamen Lichts am Himmel angekündigt wurde - der „Stern von Bethlehem", wie er genannt wird. Dieser leuchtende Stern führte die drei Weisen zur Wiege des Jesuskindes. Dies wirft in den Köpfen ernsthafter Denker eine weitere wichtige Frage auf. Könnte der Stern von Bethlehem eine leuchtende Flugscheibe gewesen sein? Diese Frage ist in den Köpfen von Geistlichen und Laien gleichermaßen stumm geblieben, denn in der Bibel steht eindeutig, dass der Stern, der die drei Weisen zur Krippe unseres Herrn führte, nur über der heiligen Stadt zu sehen war. Er wurde nicht außerhalb der Grenzen des Geburtsortes Jesu gesehen. „Und siehe, der Stern, den sie im Osten sahen, ging vor ihnen her, bis er kam und stand, wo das Kindlein war." Mt 2,9.

Bis in unsere Zeit hinein ist unser ganzes Dasein von der Leidenschaft für den Luxus, für die schönen Dinge beherrscht worden. Ist dies nicht ein von der Venus geborenes Verlangen? Wenn man sich auf die Erfahrung unserer Erzählerin, ob teleportiv oder mystisch, voll und ganz verlassen kann (und ich bin mir sicher, dass dies der

Fall ist), dann sind wir noch weit von der Vollkommenheit der Venus entfernt, doch niemand kann behaupten, wir hätten uns nicht bemüht. Die Menschen haben alle erdenklichen Qualen auf sich genommen - sie haben ihr Leben riskiert, um an Gold zu gelangen, mit dem sie Luxusgüter kaufen können. Wir haben es uns auf die harte Tour, durch Gier und Geiz, erarbeitet. Wir haben verstümmelt und getötet und sind dann genüsslich über die Leichen geklettert, die wir hinterlassen haben. In dem Zyklus, den wir durchlebt haben, haben wir unseren geistigen Kern verloren. Wir haben ein Ziel angestrebt, um „dem Ziel hinter uns zu entkommen, das hasserfüllt anzusehen war". Es war eine Art Fortschritt, aber nie haben wir den wahren Sinn der Existenz erkannt. Wir stellen uns ständig die Frage ... warum sind wir hier ... und wohin gehen wir? Wir haben nach klassischen Kulturen gegriffen, nur um sie in unserem Griff verwelken und sterben zu sehen. Während unserer langen Existenz haben wir eher das Oberflächliche als das Wirkliche verehrt.

Jesus sagte: „Ich gehe hin, um euch eine Stätte zu bereiten." Viele wollen glauben, dass andere Planetenbesucher hier sind, um uns auf das glorreiche Erbe vorzubereiten, das wir eines Tages genießen werden. Nur wenige von uns würden ihre schöne, von der Natur gewebte Welt mit den Schuppen unserer eigenen schmutzigen Überreste, die an unserer Aura haften, betreten wollen.

Die Venusianer erschienen dem „verrückten Pharao" in einer Vision. Sie kommen heute zu Vielen in Visionen. Wenn wir auf sie vorbereitet sind, werden sie in physischer Manifestation kommen. Sie werden in großer Zahl kommen. Sie werden unter uns wandeln, sie werden einer von uns sein. Wer kann schon sagen, ob nicht auch die Frauen der Erde Männer der Venus heiraten werden und umgekehrt, so wie ich mit dem edlen LeLando in den heiligen Bund der Ehe geschlossen wurde.

In der langen Zwischenzeit des Wartens werden einige aufhorchen, aber wir können immer noch erwarten, dass die Mehrheit spottet und höhnt. In der Zeit dazwischen werden vielleicht Tausende von Raumschiffen in Bereitschaft gebaut werden. Und wer kann leugnen, dass vielleicht Tausende von Menschen über die Luftwellen getragen werden, so wie zahllose Millionen über die Wellen des Ozeans in den längst vergessenen Tagen vor der Zerstörung unserer Erde getragen wurden. Wenn diese Zeit kommt, werden vielleicht Millionen von interplanetarischen Wesen auf die Erde herabsteigen. Sie werden „im Handumdrehen" kommen. „Wo sind die Grundfesten, wenn die Morgensterne miteinander singen und alle Söhne Gottes jubeln?" Hiob 38,6-7.

Diejenigen Erdbewohner, die heute bereit sind, den Lehren der Venus einen Platz in ihrem Herzen einzuräumen, sollten keine Qualen mehr kennen, keinen tränenreichen Kampf. Sie sollten sich an dem seltsamen Elixier erfreuen, das durch ihre Adern fließt. Diejenigen, die bereit sind, für eine bessere Lebensweise zu arbeiten, genauso wie diejenigen, die für das glitzernde Zeug, das wir Gold nennen, geschuftet haben, werden die Bedeutung von Freundschaft und Liebe kennen. Jeder Einzelne von uns wird wissen, dass die Spanne unseres Lebens nicht das Maß der Existenz ist - dass es nur ein winziger Punkt in einem großen Ganzen ist. Wenn wir bis hinunter zu den Wurzeln unserer Vorfahren gereinigt sind, wird dies der Tag sein, an dem wir die Brüderlichkeit erkennen, nicht nur für einige wenige, sondern für die gesamte Menschheit. Das scheint jetzt noch jenseits des Möglichen zu liegen, doch wenn wir erst einmal unsere Segel in alle Himmelsrichtungen gesetzt haben, werden wir feststellen, dass wir von einer universellen Antriebskraft besessen sind, die uns bis zum Ende unseres Aufenthalts tragen wird. So wie die Venusianer scheinbar gelernt haben, die Plasmen in jede gewünschte Form zu bringen, können auch wir dieselben Plasmen geschickt manipulieren, denn letztlich ist Plasma nicht mehr und nicht weniger Plasmen sind nicht mehr und nicht weniger als dynamisch betätigtes Bewusstsein.

Ob wir es glauben oder nicht, dies alles ist Teil des Kettenwerks unserer Zeit. Das bedeutet, dass wir unsere Träume haben können und dass wir diese Träume wahr werden lassen können. Wie der Hohepriester im Tempel der Venus zu mir sprach:

„Nur dieser - unser Planet Venus - hat die Fülle der Vollkommenheit erfahren. Aber Schritt für Schritt muss jeder einzelne Planet im großen universellen System die goldene Treppe erklimmen. Kind der Erde ... dein Amerika ist die Hoffnung deines Planeten. Es wird zu seiner Größe aufsteigen, ein Zufluchtsort für alle, die Ruhe suchen. Mit dem Kommen des Neuen Zeitalters wird sich Amerika, das Land, das so viele Ethnien beherbergt hat, erheben. Sein Banner der Freiheit wird in all seiner Pracht wehen."

6. KAPITEL

DAS SCHICKSAL ist kein Akt der Böswilligkeit, sondern eine Selbstverständlichkeit. Wir erschaffen unser Schicksal, während wir es tun. Es wird aus unseren Gedanken und Taten erschaffen. Wir sind nur gefesselt und in Ketten gelegt, wenn wir uns selbst fesseln und in Ketten legen. Oft tun wir das, indem wir die blinden Irrtümer der Tradition akzeptieren. Doch durch all unser düsteres Denken hindurch gibt es immer einen Hoffnungsschimmer.

Der menschliche Verstand ist die offene Tür zwischen dem, was wir *wissen*, und dem, was wir zu wissen suchen. Die Wirksamkeit unserer Gedankenkraft bestimmt die Tiefe der Einprägung. Wenn wir die Fluttore öffnen, stellen wir fest, dass der Verstand die Vorstellungen von Ruhm, Glück und unermesslichem Erfolg in sich birgt, aber er muss frei und ungehindert bleiben. Der Verstand ist die Leitung, durch die wohltuende Einflüsse von einer Welt zur anderen fließen. Aus diesen anderen Welten strömt neues Wissen herein. Wenn wir in einer Welt begrenzt sind, dann müssen wir lernen, mit den größeren Welten zusammenzuarbeiten.

Gedanken sind die besessenen Dämonen, die nachts ihren Tribut fordern. Es ist die Dunkelheit des Ungeborenen, in der die zerstörerischen Samen keimen und schließlich in das Licht des Tages geboren werden. Hier kommt die Einheit der Gedanken ins Spiel. Wenn Zahlen in EINEM GEDANKEN versammelt werden können, dann gibt es Macht. Wenn das Weltbewusstsein von EINEM GEDANKEN durchdrungen ist, dann beginnt sich das Weltbild langsam zu verändern.

Wie wir in einem früheren Kapitel festgestellt haben, hat der venusianische Einfluss seine ersten tiefen Spuren hinterlassen, lange bevor unsere Geschichte aufgezeichnet wurde. Die zufälligen Fäden, die damals gewebt wurden, sind auch heute noch vorhanden. Wenn wir lernen, das Gold vom Blei zu unterscheiden, können wir diese Fäden aufgreifen und sie in das neue Gewebe einweben. Die Entwicklung der Welt wird sich beschleunigen. Der Fortschritt wird schnell sein. Wenn wir den Sehern glauben, haben diejenigen, die zu Beginn dieses langen Zyklus zur Welt kamen, bereits auf einem anderen Planeten ihren Wohnsitz genommen. Ist es nicht vernünftig anzunehmen, dass das neue Leben auch für uns bereitgemacht wird?

Wenn wir uns jetzt nicht vorbereiten, werden wir unsere Lektionen wiederholen müssen. Andere Zyklen wurden durch irdische Überschwemmungen ausgelöscht. Auch sie mussten ganz von vorne beginnen. Seitdem haben wir einen langen Weg zurückgelegt, aber es war ein harter Kampf. Wir haben die Hochwassermarke erreicht und sind auf dem Weg zu einer noch höheren Marke. Heute haben wir die Möglichkeit, eine neue Dimension des menschlichen Verständnisses zu erreichen. Wir haben es geschafft, indem wir das Bewusstsein erst bei einigen wenigen und dann bei vielen Menschen entwickelt haben. Wir haben innerhalb des

Umfangs der Erde gelebt. Jetzt müssen wir über die Erde hinauswachsen. Wir können auf etwas Größeres hoffen - wir können für etwas Größeres beten ..., aber wir können es nur erkennen, wenn wir einen direkten Kontakt herstellen. Wenn wir es tief in unserem Herzen und in unserer Seele wissen, dann können wir anderen helfen, sich dessen auf die gleiche Weise bewusst zu werden.

Dies bedeutet, alle negativen Gedanken auszumerzen. Es bedeutet, sich von anhaftenden Zweifeln zu befreien. Es bedeutet, dass wir unseren Geist entrümpeln und dann unseren Lieben, unseren Freunden und Nachbarn helfen, ihren Geist zu entrümpeln. Die Macht des Gruppendenkens ist mächtiger als die Atombombe, und sicherlich ohne die zerstörerischen Folgen.

Wir können dies leichter tun, wenn wir anfangen, auf die flüsternden Stimmen des Himmels zu hören. Allzu oft haben wir unsere Ohren vor ihren Warnungen verschlossen. Heute ist es nicht anders als gestern. Wir wollen immer noch nicht auf die Stimmen unserer Propheten hören. Nur einige wenige Menschen auf dieser weiten Erde sind bereit und willens, den Ereignissen am Himmel auch nur ein Fünkchen Glauben zu schenken. „Sie kommen aus Russland", behaupten viele. „Das sind Hirngespinste", schreien andere. Anstatt zu versuchen, den Zweiflern einen Hoffnungsschimmer zu vermitteln, ziehen es die Verantwortlichen vor, die Gläubigen als „Spinner" und „verblendete Narren" zu bezeichnen. Worte des Spottes kommen sowohl von der Presse als auch von der Kanzel. Ein Pfarrer, ein Freund von mir, wurde ganz empört, als er erfuhr, dass an der „Untertassentheorie" etwas dran sein könnte. „Nein! Nein!", rief er entsetzt. „Das kann doch nicht sein? Was würde mit unserer Religion geschehen?" Und so wird es immer weitergehen, bis bewiesen ist, dass die fliegenden Scheiben an unserem Himmel mehr sind als meteorologische Phänomene oder rüstige Möwen.

Eine weitere Frage, die häufig von der Plattform gestellt wird, lautet: „Wenn fliegende Untertassen real sind, warum tauchen sie dann nur an abgelegenen Orten auf?"

Bevor Echnaton, der „verrückte Pharao", die Grenze überschritt, sagte er seinem Volk, er habe eine Botschaft von Gott erhalten. Es scheint, als habe Gott ihm gesagt, dass nie wieder eine weltbewegende Botschaft an einen Herrscher oder eine hochgestellte Person gegeben werden würde. Gott sah die Verwüstung und das Blutvergießen, die entstanden waren, als er dem herrschenden Pharao eine solche Botschaft überbrachte.

Vielleicht sollte es auch so sein. Wenn die Nachricht vom Besuch anderer Planeten plötzlich aus jedem Radio käme, in den Zeitungen Schlagzeilen machte und im Fernsehen als Drama dargestellt würde, dann würde mit Sicherheit Panik ausbrechen. Pandämonium (Tumult) würde auf der Erde herrschen. Viele von uns haben nicht vergessen, was geschah, als Orson Welles „MÄNNER VOM MARS" über den Äther kam. Warum würde das so sein?

61

Wie viele in unserer heutigen Welt wären bereit, ihnen friedlich zu begegnen? Wir würden es als unsere patriotische Pflicht ansehen, unseren eigenen kleinen Krieg zu beginnen. Das wäre eine natürliche Folge, denn der Kriegstrieb ist in der Masse der Menschheit stärker als das Herzklopfen der brüderlichen Liebe.

Dies ist also einer der Hauptgründe, warum fremdes Wissen und fremde Erfahrungen zuerst an die wenigen Isolierten weitergegeben werden müssen. Wenn das Wort von ihnen weitergegeben wird, ist die Aufnahme unmerklich langsam. Es dringt allmählich ein, und das Gleichgewicht der Masse wird nicht gestört. Es ist der Weg der Massen, sich der Mehrheit anzuschließen ... und die Mehrheit sind in diesem Fall die Ungläubigen.

Wenn der scharfe Schlag des Erwachens abgemildert ist, breitet sich das Bewusstsein von Tag zu Tag aus. Ein paar mehr beginnen zu glauben, wenn auch nur mit einem kleinen Teil ihres Verstandes. Andere sind eher bereit, zuzuhören. Ein paar mehr sammeln die Irrlichter und das Geflüster. Auch wenn sie noch weit davon entfernt sind, überzeugt zu sein, beginnen sie, sich gestört zu fühlen, und zumindest nehmen sie dieses störende Element übel. Da sie weder auf die Akkorde eingestimmt noch völlig verstimmt sind, wollen sie einfach nur in Ruhe gelassen werden, um sich im Status quo ihres alltäglichen Lebens zu suhlen.

Auch wenn dies für diejenigen, die unbedingt vorankommen wollen, ein beunruhigender Zustand zu sein scheint, so ist es doch so, wie es in unserem gegenwärtigen Stadium des Fortschritts sein sollte. Diejenigen, die glauben - diejenigen, die die Botschaft des Unbesungenen annehmen werden ... das sind die Jünger. Wie die Jünger Jesu werden sie zu den echten Überbringern der Botschaft, zu den Funken, die sich schließlich zu einem Flammenmeer entzünden. Diese vereinzelten Wenigen akzeptieren, weil sie *wissen*, dass irgendwo in den Himmelsbögen ein Muster für ein neues und besseres Leben bereits entworfen wurde. Das Bewusstsein wird zuerst von den wenigen Gläubigen aufgebaut, dann kommen langsam immer mehr Menschen hinzu.

Es ist meine aufrichtige Überzeugung, dass, wenn die Massen bereit sind, viele von der Venus gesandte Lehrer auf unsere Erde kommen werden. Sie werden ihre Weisheit, ihre Wahrheit und ihr Wissen mit uns teilen. An jenem Tag werden die Menschen in einem gemeinsamen Band geistigen Interesses zusammengeführt werden. Dies wird das Heilmittel für die gesamte Menschheit sein.

Wir sollten die Niedrigen und die Unbesungenen niemals in Misskredit bringen. Jesus kam aus den Niedrigen. Er begann sein Leben in einer Krippe. Mohammeds weltumspannende Religion wurde unter dem weißen Mond der Wüste inspiriert. Moses führte die Scharen in die Wüste, um das Gelobte Land zu finden. Alle großen Religionen - jede langlebige Philosophie - wurden im Verborgenen geboren und aufgebaut. Die

Inspiration kommt zuerst durch die Lippen des Propheten, aber es sind die Herzensschreie der Massen, die die Inspiration am Leben erhalten.

Die Ankunft der fremden Raumschiffe wird sich als Wendepunkt im Leben vieler Menschen erweisen. Viele selbstverständliche Veränderungen werden kommen. Der Weg wird für glorreiche neue Werte geebnet werden. Aus dem Enthusiasmus der Seele heraus werden neue Welten geschaffen. Wenn ein Zyklus der Erfahrung abgeschlossen ist, kommt das Wort von höheren Ebenen. Dieses „Wort" ist heute bei uns. Es ist das Wort, das wir bereit sein müssen, zu akzeptieren.

Der eine wird es von seinem Nachbarn hören. Andere werden den Fremden begrüßen, der an die Tür klopft. Wieder andere werden eine „fliegende Scheibe" oder ein hell leuchtendes Raumschiff sehen. Und nicht zuletzt kann man einem Fremden begegnen, der in Wirklichkeit ein Besucher von einem anderen Planeten ist. Er könnte in unserer eigenen Sprache sprechen, oder er könnte eine Seelensprache sprechen, die wir alle verstehen können. Er könnte vor unseren Augen verschwinden - oder er könnte durch die Tür gehen. Niemand weiß, „woher der Fremde kommt", ob aus dem sternenübersäten Weltraum oder aus den Alleen der Erde. Es spielt keine Rolle, ob wir es aus dem Munde der Mächtigen oder aus den Rufen der Niedrigen hören. Wenn es die Herzen der Menschen berühren kann, ist das alles, worum wir uns kümmern.

Geistliche Gaben sind immer unter dem Himmelszelt - in den Wolken des türkisfarbenen Himmels - und an geweihten Orten zu finden. „Leben, Freiheit und das Streben nach Glück" ist für uns alle erreichbar.

7. KAPITEL

Sind wir dieser großen Aufgabe gewachsen? Werden wir fallen, wie Ägypten gefallen ist? Können wir uns dieses Mal auf die sich schnell verändernden Szenen einstellen?

Der erste Schritt besteht darin, Denjenigen, die glauben, Autorität zu übertragen.

Das Schafsfell mag an der Wand fehlen. Sie mögen in vielerlei Hinsicht nicht den Maßstäben entsprechen, aber jedes würdige menschliche Instrument, das mit der Botschaft befeuert wird, wird uns helfen, die Aufgabe zu bewältigen. Im „Moment ist es eine Aufgabe, die größer ist als alles, was der menschliche Verstand sich vorstellen kann. A Wir werden zunächst blind vorgehen, aber wenn die Veränderungen beginnen, wird der Weg, der vor uns liegt, geradliniger werden. Schon die Ankunft der Untertassen hat dazu beigetragen, uns auf diese neue Zeitrechnung vorzubereiten. Wenn die Grenzen zwischen den Planeten niedergerissen sind, werden neue Gedanken einströmen wie die Sonne nach dem Regen.

Wie werden wir wissen, wann der große Wandel kommt? Er wird in vielerlei Hinsicht offensichtlich sein. Es wird ein freundlicher Geist herrschen. Die Menschen werden toleranter werden. Es wird eine Haltung der Hilfsbereitschaft herrschen, die es bisher nicht gegeben hat. Die Veränderung wird bei fast jedem Menschen, dem wir begegnen, sichtbar sein. Eines Tages wird sie die Erde wie ein Mammutgürtel umschließen. Wenn die neue Sichtweise im Körper der Menschheit Einzug hält, werden neue Muster entworfen - eine Straßenkarte, der alle folgen können.

Es wird immer noch Alibis geben ... viele von ihnen. Einige werden blubbern ... „Ich weiß nicht, wie." Andere werden weinen: „Ich habe nicht den richtigen Hintergrund." -Wieder andere ... „Ich kann nicht", usw. Diese Unzulänglichkeiten werden zwangsläufig auftreten, aber auch Unzulänglichkeiten können zu Chancen werden. Es geht darum, den verfallenen und bröckelnden Boden des „Weltdenkens" zu durchstoßen. Es gibt nichts zu verlieren, aber alles zu gewinnen.

Dem Wissen und der Erfahrung sind keine Grenzen gesetzt. Das, was in unserer Reichweite liegt, können wir gewinnen und festhalten. Jetzt, da die mit Glaubensbekenntnissen überladene Oberfläche der Erde zerrissen ist, steht eine Lawine von Wissen für alle zur Verfügung. Einer nach dem anderen werden wir beginnen, die gesteigerten Einflüsse zu absorbieren. Die Intelligenz wird den Platz des schottischen Denkens einnehmen. Wir werden in eine erkenntnisreiche Beziehung zu höheren Bewusstseinsstufen gezogen werden. Mit dem einströmenden Venus-Einfluss werden wir in der Lage sein, diese kooperativen Impulse zu fühlen und zu genießen. Wir werden erkennen, dass dies die Art und Weise ist, wie die Höheren die niederen Ordnungen des Lebens magnetisieren und befruchten.

Wie können wir einen direkten Kontakt herstellen? Es ist nicht notwendig, dass sie persönlich zu uns kommen, um uns zu beeindrucken. Sie brauchen auch keine Worte, um sich zu erkennen zu geben. Gedanken sind Dinge. Ihr braucht nur eure Gedanken durch den Raum zu projizieren. Der Gedanke ist das Mittel des Bewusstseins. Wir sind subjektiv durch dieselbe unsichtbare Schnur miteinander verbunden. Wir bestehen auch aus denselben Elementen, von denen eines etwas stärker ausgeprägt ist als das andere. Das ist alles. Mit anderen Worten: „Alle sind Teil eines gewaltigen Ganzen, dessen Körper die Natur und Gott die Seele ist."

Die schöne DIANE kam vor sechzehn Jahren mir. Ihre melodiöse Stimme vibrierte durch die Weiten des Kosmos. Dieselbe Stimme ist seit der Veröffentlichung von MEIN FLUG ZUR VENUS bei vielen Gelegenheiten zu hören gewesen. Manchmal ist sie mir über die mit Kakteen bewachsene Wüste gefolgt, in der ich gerne umherstreife. Sie kam in stillen Momenten beim Fahren auf den Autobahnen. Immer wieder sagte die Stimme: „Du wirst Zeuge eines Wunders." Ich habe es Freunden gegenüber erwähnt. Ich rief es von vielen Plätzen aus. Immer wieder habe ich versucht, mir vorzustellen, was dieses „Wunder" sein könnte. Ehrlich gesagt erwartete ich, dass eine Untertasse in unserer Mitte landen würde. Dass ich mit der reizenden Diane persönlich in Kontakt treten sollte, entsprach sicher nicht meinen Erwartungen.

Wir wissen, dass Wunder geschehen. Sie kommen zu den am wenigsten erwarteten Zeiten. „Die Wunder der Erde sind die Gesetze des Himmels." Wieder werde ich gefragt: „Gibt es Venusianer unter uns?"

Mag sein! Da auch sie in irdische Gewänder gekleidet sind, würden wir sie nicht an ihrem Aussehen erkennen. Sie mögen sich uns nicht zu erkennen geben, doch wenn wir mit ihnen im Einklang sind, sollten wir das warme Glühen ihrer Persönlichkeiten spüren.

Teleportation ist für sie vielleicht genauso wenig eine lästige Pflicht wie für uns das Fahren eines Autos. Mit nur einer starken Willenskonzentration können sie mit der Geschwindigkeit eines Gedankens in jedem Winkel des großen Universums sein. Da sie keine Grenzen kennen, können sie nach Belieben gehen und kommen.

Es wird ein großer Tag in unserer Welt sein, wenn die Wissenschaft sich der Eroberung der Lebensessenzen zuwendet. Dann werden wir wissen, dass wir uns an der Schwelle zum Neuen Zeitalter befinden. An diesem Tag werden Krankheiten verschwinden. Es wird ein Weg gefunden werden, die Lebensspanne zu verlängern. Anstatt blind durch Jahre der Prüfungen und Sorgen zu tappen, werden wir durch glückliche, glorreiche Jahre tanzen. Die Jugend wird auf einem hohen Thron regieren. Vielleicht wird die Raumfahrt so alltäglich sein wie das Flugzeug oder die Lokomotive. Was für ein Nervenkitzel wird es sein, Millionen von Meilen im Weltraum mit dem Komfort und der Leichtigkeit eines Schlafwagens zu reisen. Ein paar Zeilen aus MEIN FLUG ZUR VENUS veranschaulichen diesen Punkt perfekt:

„Während des Fluges schienen wir in viele Dimensionen des abstrakten Raums vorzudringen. Es gab kein Rauschen. Keine Interferenzen. Dann geschah etwas. Es war wie eine sanfte Explosion prächtiger Farben, begleitet von einer Erfahrung, die einem Orgasmus von Geist und Materie glich. Danach gab es keine Zeit mehr. Es gab keinen Raum in der üblichen Bedeutung von Raum. Alles war Bewusstsein. Absolutes Bewusstsein."

Seit diesem denkwürdigen Tag habe ich viele Male versucht, zu einer logischen Schlussfolgerung zu gelangen, was tatsächlich geschehen ist. Hatte ich meinen Körper zurückgelassen und reiste nur in einem feineren Gefährt? Oder war es eine echte Teleportation und ich habe meinen Körper mitgenommen? Haben sich die Atome meines Körpers tatsächlich an einem Punkt aufgelöst und an einem anderen wieder materialisiert?

Ich bin sicher, dass die Form, die den schönen Geist von DIANE beherbergte, aus reinem Protoplasma bestand (die Essenz aller Dinge). Es war auch offensichtlich, dass die anderen Geistmanifestationen, die in der Kirche des göttlichen Lichts erschienen, aus den üblichen Ektoplasmen bestanden, die vom Medium und den Gästen stammen. Zwischen Protoplasma und Ektoplasma gibt es einen ebenso großen Unterschied wie zwischen Fleisch und Geist.

Viele der Anwesenden beobachteten den Brustpanzer, der über Dianes Kleid zu passen schien. Dies war offensichtlich die „Nabe", der zentrale Kontaktpunkt, an dem die Verschmelzung stattfindet. Von diesem Punkt aus werden die Plasmen vereinigt und zur Manifestation geformt. Von diesem magnetisierten Zentrum aus konnte Diane die Kraftlinien verfolgen, die über die ganze Erde und auch über jeden Stern und Planeten im gesamten universellen System verlaufen.

Plasmen sind in allen höheren Äthern vorhanden. Plasma ist die wahre schöpferische Substanz. Es ist die Substanz, die in der geistigen Heilung verwendet wird. Wenn wir lernen, wie wir die Plasmen kontrollieren können, werden wir kranke Körper beseitigt haben.

Universelle Zusammenarbeit ist ALLWELTLICH. Es gibt Welten auf jeder Ebene der Existenz, Welten in Welten, von denen jede nach ihrem eigenen festen Rhythmus funktioniert. Alle sind mit dem Großen Universum verschmolzen oder verschweißt. Wenn wir den Weltraum erobert haben, wie die Venusianer, werden wir in der Lage sein, sie zu erreichen, alle und jeden. Wir werden in der Lage sein, auf das Bewusstsein dieser Welten zurückzugreifen, so wie wir auf ein Bankkonto zurückgreifen. Wir werden keine Zweifel mehr an der unsichtbaren Kraft haben, die eine sichtbare Welt regiert, und wir werden wissen, dass Veränderungen mit blitzartiger Schnelligkeit eintreten können. Wir werden nicht länger Vorräte horten oder versuchen, die Welt mit einem Zaun um sie herum zu besitzen. Indem wir

71

erkennen, dass die transzendentale Sicherheit unsere Bank Universal ist, werden wir wissen, dass unsere Möglichkeiten über die Grenzen der Weltbegrenzung hinausreichen.

Dieses Kunststück kann sogar in unserer heutigen Zeit auf kleine Weise vollbracht werden. Wenn die menschliche Schwingung auf ein höheres Niveau angehoben ist, können wir uns harmonisch auf die Planeten und Welten des Universums einstimmen. Wenn wir die Schwingung gemeistert haben, wird Teleportation kein Fremdwort mehr in unseren Wörterbüchern sein. Es wird nicht schwieriger sein, als einen Knopf zu drücken, um elektrisches Licht zu erzeugen. Mittels kraftvoller schöpferischer Gedanken werden wir in der Lage sein, unsere Körper an jeden beliebigen Punkt des riesigen Universums zu transportieren.

Das gilt auch für das seltsame Raumschiff, das heute so viel Aufsehen erregt hat. Wir werden nicht mehr darauf warten, dass eine Untertasse abstürzt, damit wir sie auseinandernehmen und das Geheimnis der Motivation ergründen können. Wir werden das Know-how haben, um die gleiche Art von Raumschiff zu bauen. Wir werden interplanetarische Besucher nicht an ihrer Kleidung oder ihren Fahrzeugen erkennen, sondern am Licht ihrer himmlischen Aura.

Wann wird das bei uns der Fall sein? Vielleicht hat unsere Bibel die Antwort: „Und es werden Zeichen geschehen an der Sonne und am Mond und an den

Sternen, und auf Erden werden die Völker in Bedrängnis geraten, und das Meer und die Wellen werden toben, und den Menschen wird das Herz versagen vor Furcht und vor dem, was über die Erde kommen wird; denn die Kräfte des Himmels werden erschüttert werden. Und dann werden sie den Menschensohn kommen sehen in einer Wolke mit großer Kraft und Herrlichkeit." Lk 21,25-27.

Werden fliegende Untertassen in diesem großen Weltdrama wieder eine Rolle spielen? Durch die langen und verschlungenen Jahrhunderte hindurch haben die Erhabenen von ihren erhabenen Höhen herabgeschaut. Sie haben ihre Leuchtfeuer auf unsere Türschwelle gestrahlt. In unseren leidvollen Tagen sind sie im Geiste bei uns gewesen. Sie sind unserem von Irrtümern geprägten Weg gefolgt - nicht nur durch die Zyklen des Lebens, sondern bis zum Grab und darüber hinaus.

Das Auftauchen der Untertassen hat uns zu einer neuen Dimension des Denkens erweckt. Ob real oder ein Hirngespinst, sie haben nicht nur Einzelpersonen, sondern auch Regierungen aufgerüttelt. Ich zitiere aus unserer eigenen Luftwaffe.

„Die meisten Sichtungen lassen sich als Fehldarstellungen konventioneller Objekte, wie Ballons und Flugzeuge, erklären.

Andere können als meteorologische Phänomene oder Lichtreflexionen von kristallisierten Partikeln in der oberen Atmosphäre erklärt werden. Einige wurden als

Fälschungen entlarvt. Dennoch gab es immer noch einige unerklärliche Sichtungen ... Die Air Force hat in der Vergangenheit erklärt und bekräftigt auch heute, dass es sich bei unerklärlichen Luftphänomenen nicht um eine von den Vereinigten Staaten entwickelte Geheimwaffe, Rakete oder ein Flugzeug handelt."

Deutet dies nicht darauf hin, dass die Verantwortlichen eines Tages bereit sein werden, gründlichere Nachforschungen anzustellen? Wenn die Regierungen der Welt überzeugt sind, werden wir alle überzeugt sein. Wenn sie zu uns geschickt wurden, um die Menschheit von ihren Irrtümern zu befreien - wenn sie dazu beitragen sollen, alle Welten zu einer einzigen zu verschmelzen - warum sollten wir dann nicht versuchen, diesen Tag zu beschleunigen?

Das könnte schon morgen geschehen. Es könnte nächstes oder übernächstes Jahr geschehen. Wenn wir es beschleunigen können, warum dann noch warten?

Vor allem wagen wir es nicht, die seltsamen Omen und die Leuchtfeuer zu verschmähen. Wir wissen, dass sie schon früher gekommen sind, um unsere irrenden Schritte zu lenken. Wir wissen, dass sie in der Vergangenheit verschmäht worden sind. Durch die langen Jahrhunderte hindurch haben nur einige wenige auf sie gehört, die vielen haben sie ignoriert. Wenn wir ihnen jetzt den Weg ebnen, werden wir den Weg, der vor uns liegt, mit klarerer Sicht sehen.

Nochmals ... warum sollten wir auf jemanden warten, der uns den Weg weist - dieser Jemand könnte genauso blind sein wie wir selbst.

8. KAPITEL

Wir können nicht oft genug wiederholen, dass wir Besucher von anderen Planeten nicht als Phantasiegebilde betrachten, sondern versuchen sollten, sie als Muster für unsere eigene Zukunft zu sehen. Es ist sicherlich weder ein Hirngespinst noch eine Illusion zu glauben, dass andere Planeten genauso bewohnt sind wie unser eigener. Der Erdenmensch hat sich immer als das „eine" überlegene Tier in der gesamten Existenz empfunden. Ob er es weiß oder nicht, diese Sichtweise hat seinen Horizont auf seine eigene mikroskopische Größe eingeengt. Er *will* glauben, dass es nur eine Erde gibt. Er will annehmen, dass die Sterne und Planeten am Himmel stehen, um seine einsamen Nächte zu erhellen. Er *will* seinen Blick nicht über das Wahrgenommene hinaus erweitern.

Solche „suchenden" Ereignisse, wie sie in der „kleinen weißen Kirche in Los Angeles" stattfanden, tragen dazu bei, dass sich das Leben verändert. Wir müssen ein solches Ereignis nicht als Realität anerkennen. Viele würden es nicht zugeben, selbst wenn sie es mit eigenen Augen gesehen hätten. Aber zumindest zwingt es uns dazu, darüber nachzudenken und dann in die Tiefen unseres Selbst einzutauchen, um eine befriedigende Antwort zu finden. Je tiefer wir gehen, desto mehr Interesse wird geweckt. Schließlich entwickelt sich ein brennendes Verlangen zu wissen. Von da an sind wir bereit und willens, das Beste von uns selbst für die Suche zu geben. Dann wird es zum großen Abenteuer.

Es gab eine Zeit in unserer Geschichte, in der die Suche nach dem Spektakulären ein gefährliches Unterfangen war. Männer wurden auf dem Scheiterhaufen verbrannt, weil sie an etwas glaubten, das dem zeitgenössischen Denken widersprach. Heute ist das Erbe der Zeitalter das unsere. Wenn es uns gelingt, diese Tage zu meistern, werden wir nicht mehr an Personen oder Dinge gebunden sein. Wir werden über der Willkür des Schicksals stehen.

Wir können uns in die Aufgabe stürzen, einzeln oder gemeinsam. Wir können gnädig auf die Vollendung hinarbeiten und vielleicht zehn oder zwanzig Jahre mehr im Kalender unserer Lebensspanne haben. Nicht nur gewöhnliche Jahre, sondern ein glückliches, fruchtbares Weiterleben. Ihr Autor ist der festen Überzeugung, dass wir, wenn wir in der Lage sind, das Alte zu stürzen und das Neue einzuführen, nicht mehr unter dem Unglück des Lebens leiden werden. Wenn wir gemeinsam als große Masse handeln können, werden wir in der Lage sein, die Dinge, die wir uns wünschen, schnell zu erreichen, denn wir werden die Hilfe der „Vielen" in Anspruch nehmen.

Wenn wir uns auf den Gedanken einlassen können, dass DIANE nur „eine" ist ... dass es Tausende von Dianes gibt, die bereit sind, uns zu helfen, dann kann das Leben zu einem lebendigen Wunder werden. Wenn eine solche Erkenntnis in unserem Bewusstsein auftaucht, werden sich Veränderungen in rascher Folge vollziehen. Das Geheimnis des Lebens muss kein Rätsel sein. In der Vergangenheit haben wir versucht, ein komplexes Rätsel zu lösen, obwohl es in Wirklichkeit ganz einfach ist. Es sind" die dramatischen Ereignisse auf dem Lebensweg, die unsere Vision wecken und uns zum Handeln bewegen. Tiefe mystische Erfahrungen haben eine transformierende Wirkung. Sie zwingen uns, nutzlose Dinge hinter uns zu lassen.

Die menschliche Natur ist zerbrechlich, die Menschen sind schwach. Nur hier und da ist einer bereit, sich auf Neuland zu wagen, obwohl er in seinem Herzen weiß, dass eine Reise zu einem anderen Planeten das kühnste Abenteuer wäre, das je unternommen wurde. Auch ein „übersinnliches" Abenteuer in dieses Reich ist ein großes Ereignis. Auch sie ist mit vielen Gefahren verbunden, wenn wir nicht vorher gelernt haben, die große Kraft in uns konstruktiv zu nutzen. Aber die meisten von uns spüren mit Sicherheit, dass interplanetarische Reisen eines Tages eine Tatsache sein werden. Das bedeutet, dass wir unsere Ängste überwinden und *wissen*, dass wir die Macht haben, nicht nur die Erde, sondern auch das Universum zu beherrschen.

Um große Dinge zu tun, müssen wir mit kleinen Dingen beginnen. Eines der herausragendsten menschlichen Beispiele für „Überwindung" geht auf die Geschichte unseres eigenen Landes zurück. Viele sehen Abraham Lincoln als den größten Präsidenten in der langen Reihe der Präsidenten an. „Honest Abe" hatte jede

Art von Handicap zu überwinden. Er begann sein Leben in einer Blockhütte, weit entfernt von Büchern. Er war ein hässliches, schlaksiges Exemplar von Mann. Aber heute ist Abraham Lincoln posthum berühmt, als Symbol für die Kraft, die in uns allen steckt.

Es gibt viele unentdeckte „Lincolns" in unserer Welt. Wenn sie sich der Aufgabe stellen, können sie einen Zauberstab der Macht über jeden festen Umstand schwingen. Wir sind wirklich ein „wunderbares Volk". Alles, was wir brauchen, ist ein übergeordnetes Thema, das uns aufrüttelt. Wir haben immer wieder bewiesen, dass der Krieg nicht das mitreißende Element ist, um etwas zu erreichen, während „himmlische" Menschen wie DIANE uns den erfolgsbringenden Touch geben können. Es bedeutet nur, dass wir uns nach den weit entfernten Zielen ausstrecken. Wenn wir uns in den größeren Plan einfügen, erledigen sich die kleineren Probleme von selbst. Ich bin mir sicher, dass unsere Zukunft nicht langweilig wäre, wenn wir diesen weit entfernten Reisenden plötzlich von Angesicht zu Angesicht begegnen würden. Selbst unbedeutende Dinge bekämen eine kosmische Bedeutung. Es mag eine Weile dauern, bis wir ihnen von Angesicht zu Angesicht begegnen, aber zumindest können wir uns darauf vorbereiten.

Wir sind uns alle einig, dass wir uns inmitten von weltbewegenden Ereignissen befinden, aber es sind Ereignisse der Gewalt. Es gibt kaum einen freien Moment an einem Vierundzwanzigstundentag. Wir können dieses Konzept der Gewalt umwandeln, indem wir uns einfach dazu entschließen. Wenn wir das Leben aus einem „allumfassenden Ganzen" heraus betrachten können, werden wir eine Entfaltung erleben, die uns einen größeren Fortschritt sichert. Wenn wir den Leuchtfeuern folgen, die uns von OBEN zuwinken, werden wir keine Schwierigkeiten bei unserem Aufstieg haben, denn unsere Wahrnehmungen werden sich schnell auf die größeren Dimensionen ausdehnen.

Wenn wir unsere Kerzen brennen lassen, kann es wie ein Blitz vom Himmel kommen. Aber wir müssen uns im Voraus darauf vorbereiten, indem wir die verborgenen Ressourcen in uns selbst entdecken. Der Schleier zwischen den Welten ist in diesen Tagen sehr dünn. Er wird im Laufe der Zeit immer dünner werden. Wenn wir unsere Sichtweise ändern, wird sich auch unsere Einstellung ändern. Wenn das geschieht, werden wir nie wieder bereit sein, zu den falschen Werten zurückzukehren, die wir hinter uns gelassen haben.

Ich glaube aufrichtig, dass wir, wenn wir die volle Bedeutung des Kommens von DIANE begreifen, in der Lage sein werden, unser verzwergendes, behindertes Denken abzulegen. Wenn das Gewicht der Welt von unseren Schultern genommen wird, können wir helfen, die Last von den Schultern anderer zu nehmen. Zur Belohnung werden wir nicht nur geistigen Besitz in Hülle und Fülle haben, sondern auch den passenden leiblichen Komfort und Wohlstand.

Es sind turbulente Zeiten. Wir brauchen diese neuen Kontakte, um uns mit neuer Kraft zu beflügeln. Wenn wir glauben können, dass DIANE tatsächlich in die „kleine weiße Kirche" teleportiert wurde, ist dies ein Beispiel für die Macht ihrer Fähigkeiten. Stellen Sie sich vor, Sie würden von einem anderen Planeten „teleportiert" - oder sogar von einem Raumschiff hoch oben in den Lüften! Hinzu kam der Nervenkitzel, als sie sich vor unseren Augen materialisierte, uns eine Botschaft der Hoffnung überbrachte und dann blitzschnell wieder verschwand. Natürlich gibt es Diejenigen, die argumentieren werden: „Aber sie ist doch bei einer Séance erschienen." Das stimmt. Die Séance-Ecke von Pastorin Bertie Lillie Candler bot eine „eindeutige Konzentration des Bewusstseins ... alle waren eines Sinnes und warteten auf das Erscheinen ihrer Lieben - doch sie bot auch den perfekten Rahmen für eine Überprüfung der „Teleportation". Jesus war in der Kunst der Teleportation geübt. Hat er nicht gesagt, dass auch wir die gleichen Mittel in uns haben, wenn wir die Kraft in uns entkorken? Die Kraft liegt vielleicht ein wenig tiefer, aber sie ist dennoch da.

Wenn andere Planetenreisende in größerer Zahl kommen, können wir zusehen, wie die Fesseln unserer eigenen Unwissenheit abfallen. In der Bibel steht: „Und dies sind die Zeichen, die denen folgen werden, die glauben."

Dies bringt uns zu der Erkenntnis, dass unsere materielle Suche vergeblich war. Es lässt uns wissen und erkennen, wie oberflächlich unsere irdische Existenz war. Es gibt kein Geheimnis. Wenn wir eine allmächtige Einheit haben, sind wir mit allen wundersamen Schöpfungen Gottes verwandt. Die Seele kennt keine Grenzen. Sie kann sich über EINE WELT hinaus erstrecken. Es gibt keinen Grund auf Erden, warum wir uneins sein sollten.

Von Zeit zu Zeit werden bestimmte Personen aus der Masse herausgehoben, um die prophetische Stimme der neuen Ära zu werden. Das könntest DU sein. Es könnte ICH sein. Es könnte unser Freund sein. Es könnte unser Feind sein. Im besten Fall sind nur wenige für diese Aufgabe geeignet. Es wird nicht leicht sein, die besten Kanäle zu finden. Diejenigen in hohen Positionen, unsere Führer, sitzen zu bequem in ihren Sesseln und Schaumgummikissen. Diejenigen auf den unteren Plätzen spüren die Narben ihrer eigenen Unzulänglichkeit. Das bedeutet, dass wir trainiert werden müssen, uns zu messen. Wir werden nicht an einem perfekten Maßstab gemessen, sondern an den Qualitäten der Sensibilität. Die mystischen Wissenschaften liefern eine Basis, ein Sprungbrett, aber die größte menschliche Zutat ist die Empfänglichkeit.

Von Zeit zu Zeit wird es Warnungen und Omen geben. Diese Warnungen müssen wir beherzigen. Wenn wir nicht aufwachen, könnte das glorreiche Ziel noch Jahrhunderte entfernt sein. Wenn eine solide Grundlage im Bewusstsein geschaffen wird, dann wird es auch geschehen. Wie wir heute mit unseren geistigen

Kontrollen umgehen, wird bestimmen, wie wir morgen gewählt werden. Wir befinden uns im Wagen des Laufs der Dinge. Es gibt keine Zufälle im Leben. Wenn sich die Türen zu anderen Planeten öffnen - wenn die von ihnen bestimmten Boten in unsere Mitte kommen, dann wissen wir, dass es einen bestimmten Grund für ihr Kommen gibt. Es könnte bedeuten, dass wir in größerer Gefahr sind, als wir denken. Es könnte bedeuten, dass wir näher an der Übergangsperiode sind, als uns bewusst ist. Wenn wir im Glauben annehmen, wird ein Wunder nach dem anderen folgen. Mit vielen „Diane's" an unserer Seite können wir über die Bürgersteige der Erde gehen oder über das weite Firmament schweben.

Das bedeutet nicht, dass wir einen Himmel aus Sahnepudding mit Engeln und Harfenmusik suchen. Die Venus ist keine fantastische Utopie. Die Venusianer predigen und praktizieren eine praktikable Ideologie. Sie sind ein perfekt ausbalanciertes Volk, das jenseits der von Menschen geschaffenen Systeme nach seiner Erleuchtung sucht. Sie glauben, dass es nur EINEN gibt und alle Dinge in IHM erschaffen wurden.

Hätten wir Erdenmenschen die Fähigkeit zur Einsicht, würden wir uns nicht für ein Leben in Aufruhr entscheiden. Wir würden gerne vor den gewalttätigen Explosionen der Welt davonlaufen. Tief in unserem Herzen möchten wir mit den feineren Kräften schwingen. Wir sehnen uns nach der Antwort der tieferen Triebe. Je mehr Erleuchtung wir haben, desto mehr wollen wir die tiefe Welle der spirituellen Infusion spüren, die durch unsere Adern fließt. Wir sehnen uns danach, zu den Füßen von unsichtbaren Mentoren zu sitzen. Wir wollen unsere durstigen Kehlen mit Nektar aus dem verzauberten Kelch befeuchten. All diese Dinge können wir erreichen, wenn wir wissen, wohin wir gehen und warum. Außerdem müssen wir nicht durch einen Fluss von Tränen waten, um unser Ziel zu erreichen. Wir sind schon oft in den Sumpf abgerutscht, aber wenn wir wissen, dass wir diese Erhabenen haben, die uns vor den Schlägen schützen, uns führen und segnen, wird der Weg leicht sein.

Natürlich werden nicht alle ankommen. Einige wenige werden die Ziellinie erreichen. Andere werden beginnen und dann umkehren. Aber die Fackelträger werden immer an der Spitze stehen. Wenn einer auf der Strecke bleibt, werden andere weitermachen. Vorne wird es Leuchtfeuer geben, die den Weg weisen.

Die Macht des „Massenbewusstseins" ist die größte Macht auf Erden. Tausende, die gleichzeitig an einem Strang ziehen, können Wunder bewirken. Es erfordert Mut, unseren Horizont zu erweitern, aber was haben wir zu verlieren? Die epischen Belohnungen werden den Pionieren zuteil, ob sie nun aus der breiten Masse der Menschheit oder aus den hohen Rängen kommen.

Lassen Sie uns daran glauben, dass die Einführung von DIANE ein rot angestrichener Tag im Kalender unseres Lebens werden kann ... unsere ersten wackeligen Schritte in Richtung Universalisierung.

Und nun bitte ich meine Leser, sich für einen kurzen Moment zu verneigen. Erweisen wir dieser Besucherin von der Venus - der schönen DIANE - die Ehre.

TEIL II: DIANES LEHREN

(Anmerkung: Diane sprach zu mir in einer Sprache des Geistes, die sofort in Worte übersetzbar war).

ÜBER DIE BEDEUTUNG GOTTES

Es war früher Morgen und der goldene Sand der Wüste frühstückte im ersten Schein der Sonnenstrahlen. Ich liebte es, zu dieser Stunde spazieren zu gehen, wenn all die unsichtbaren kleinen Menschen fröhlich und vom Geist des neugeborenen Tages erfüllt waren. Ich konnte sie jetzt vor meinem geistigen Auge sehen, wie sie im Rhythmus der Hingabe tanzten, gestimmt mit der Orchestrierung des *Lebensgeistes*.

Auf meinem Weg über die windgepeitschten Sanddünen, wo ich mich für meinen Arbeitstag inspirieren ließ, kam ich plötzlich zum Stehen. Das war in letzter Zeit oft geschehen - ein kribbelndes Gefühl in meinem Körper - Glockengeläut aus der Ferne - der Duft schöner Blumen - Melodien, die aus dem Nichts hereinschwebten.

Ein Stück weicher Sand unter einem ausladenden Grauholzbusch winkte mir zu. Es war ein ekstatischer Moment, diese Schärfung der Wahrnehmungen meines Geistes ... dann eine Verschmelzung mit einem „fremden" Etwas, als ob ich mit allen Hauptleitungen des Kosmos verbunden wäre. Diese kosmische Hellsichtigkeit war mir willkommen, denn ich wusste, dass ich bald durch IHRE heilige Gegenwart geehrt werden würde. Dann erklang der harmonische Tonfall, den ich so gut kennen gelernt hatte:

„Kind der Erde ... mit dem Geist der Freude begrüße ich dich heute draußen auf dem sauberen Wüstensand. Es war derselbe saubere Sand, aus dem wir von Venus unseren Weg zum Thron Gottes fanden. Wir haben das Ziel unserer Reise nicht durch Plattitüden und dramatische Bitten erreicht. Ihr werdet unsere Fußspuren finden, eine nach der anderen, über die Trittsteine zu den Bögen der venusianischen Pracht. Dort, wo die Wildnis wild ist, werdet auch ihr die Bedeutung Gottes kennen lernen. Dies ist die Lektion, die der Erdenmensch lernen muss, mein Kind. Er hat den beschwerlichen Weg durch Flehen und Opfer gewählt. Er hat versucht, Gott zu erreichen, als würde er versuchen, Sprosse für Sprosse eine goldene Leiter zu erklimmen. So wie deine mühsamen Schritte sich langsam über den Sand der Evolution bewegt haben, so ist auch deine Annäherung an Gottes Thron ein langsames Kriechen gewesen. Viele beginnen, aber nur wenige kommen an. Die Sprossen der goldenen Leiter werden abgebrochen, bevor der Thron erreicht ist.

Über die langen Äonen der Zeit hinweg haben wir von unserem erhabenen Gipfel aus das Treiben der Kinder der Erde beobachtet. Wir haben sie auf den Hügeln und in den Tälern der Erde stolpern sehen. Unsere Lichter haben über die hellen Flecken gestrahlt, sie haben länger über den Gebieten verweilt, in denen Tränen auf die blutigen Pfade geregnet sind, die der Mensch der Erde zu gehen bestimmt hat. Zu manchen Zeiten haben unsere Lichter mit leuchtender Intensität gebrannt, zu anderen

Zeiten konnte nur ein schwaches Flackern den Weg durch den Nebel finden.

Ja, Kind der Erde - wir haben unsere jüngeren Brüder stolpern und fallen sehen. Wir haben ihn auf den Knien vor den Altären der irdischen Tempel beobachtet. Wie erschütternd waren seine Bitten um die Gunst Gottes! Aber hier hat sich der Erdenmensch geirrt. So inbrünstig seine Gebete auch waren, so reichlich sein Lob und sein Dank auch waren, nicht immer erreichten seine Bitten den Höchsten über sie alle. In der Tat hebt der Erdenmensch seine Schwingungen selten auf die Ebene Gottes.

Nur wenige beten Gott auf dieselbe Weise an. Für die Einen ist Gott LIEBE. Für Andere ist Gott KRAFT. Für viele ist er INTELLIGENZ. Und so weiter und so fort. Der Weg zu Gottes Thron führt nicht Stück für Stück. Er erfordert kein rituelles Drama, sondern ist so einfach wie das Einschalten des elektrischen Lichtschalters - oder das Drehen des Zündschlüssels bei Ihrem Auto.

Wir Venusianer WISSEN, dass GOTT die *Quelle aller Dinge* ist. Wir WISSEN, dass ER überall gegenwärtig ist. Dass ER in jedem erschaffenen Ding ist. Wir wissen, dass GOTT das UNIVERSUM gehört. Dass wir nichts besitzen. Das menschliche Leben entsteht frei von Besitztümern. Die Ernte, die der Mensch im Laufe seines Lebens sammelt, kann er nicht mitnehmen, wenn er geht. Alle Dinge sind von GOTT *geliehen*. Sie sind Schätze, die wir verherrlichen sollen, während wir sie benutzen, aber wir wissen, dass wir sie eines Tages an IHN zurückgeben müssen, von dem sie stammen. Da wir uns ewig bewusst sind, dass wir nichts von uns selbst besitzen, dass GOTTES wohltätige Vorratskammern uns immer offenstehen, vom kleinsten Bedürfnis bis zum größten Luxus, leihen wir uns frei in einem ungeheuren Ausmaß. GOTT vertraut uns, dass wir unsere ehrlichen Schulden bezahlen. ER weiß, dass wir SEINE Schätze nicht missbrauchen werden. Dass wir Seine Gaben am Ende unseres Tages zurückgeben werden.

Kind der Erde - Gebete zu GOTT müssen nicht abstrus sein. GOTT kennt die Bedürfnisse SEINER Kinder, bevor sie darum bitten. SEINE Segnungen hat ER zu ihrem Vorteil geschaffen. Steht nicht in eurer Bibel: „Im Anfang war das WORT und das WORT wurde Fleisch". Glaubst du das, meine Tochter? Bedeutet es nicht, dass wir nur unsere Gedanken auf GOTTES Gedanken einzustellen brauchen - zu sprechen und alle Segnungen werden unsere sein. In der Vorstellung GOTTES sind das tägliche Manna des Menschen und die Schlösser aus Gold gleichwertig. Wenn GOTT in unseren Herzen thront, sind wir Teil des *Atems der Schöpfung*, ob klein oder groß.

Nein, meine Tochter, unsere Existenz ist kein *Wunder*. Wir sind nicht das, was der Erdenmensch ... Zauberer nennt. Wir besitzen keine magischen Formeln. GOTT ist unsere Magie. GOTT ist unsere Formeln. Schriftsteller und Theologen haben sich bemüht, dieses Prinzip zu erläutern, aber nur wenige haben es auf die Anbetung ihres täglichen Lebens angewandt. Obwohl die Menschen der Erde Zäune und Marmorsäulen um GOTTES verherrlichte Konzepte errichtet haben, hat er sich nie die Mühe gemacht, die Felsbrocken zu entfernen, die er seinem wahren Verständnis in den Weg gelegt hat.

Kind der Erde - die meisten Erdenkinder haben ihre Mission gegenüber GOTT nie gelernt. Der Erdenmensch hat den *Grund* seiner Geburt nicht erkannt. Meine Tochter ... Gottes Kinder werden in die fleischliche Manifestation gebracht, damit sie die notwendigen Erfahrungen sammeln können. Der Mensch verlässt das Haus GOTTES als ein Kind im Verstehen. Er kehrt als Weiser zurück. Er wird über Straßen geschickt, die mit Dornen und Disteln übersät sind - oft muss er durch einen Fluss von Tränen schwimmen, aber das ist nur, damit er sich selbst findet, ganz allein. Gott weiß, dass er eines Tages mit Wissen und Erfahrung gereift zurückkehren wird. Er weiß, dass er nur ein *verlorener* Sohn ist...

Warum ist der Erdenmensch so blind gewesen? Warum hat er Äonen von Jahren des Leidens in Kauf genommen? Meine Tochter ... nur, weil er sich eingeredet hat, dass die Erdebene alles ist, was es gibt. Der Erdenmensch war hochmütig in seiner Selbstgefälligkeit. Überlegenheit über alles Irdische zu erlangen, war sein eitler, glorreicher Ehrgeiz. Sein herrschaftliches Ziel. Der Erdenmensch hat die Illusion des Wachstums gewählt. Er hat die vom Menschen geschaffene wissenschaftliche Größe über die Majestät von GOTTES Universum erhoben. Beim Klang des Hammers schwillt er vor Stolz an, bei der Klinge des Schwertes erregt er sich. Selten hält er in der Stille inne, um Gottes wundersamen Sonnenschein einzuatmen. Selten nimmt er das an, was seine Sinne nicht bestätigt haben. Der Erdenmensch, der glaubt, dass alles in seiner eigenen Existenzebene enthalten ist, hat sich gegen das Echo in seinem Herzen gestellt. Er hat sich in den Illusionen, die er für sich selbst aufgebaut hat, verirrt.

Von unseren erhabenen Höhen aus haben wir den Erdenmenschen angefleht, zuzuhören - seinen Blick nach oben zu richten. Aber meistens war sein Blick durch seine egoistische Sichtweise geblendet. Unsere Lichter haben ihn eher geblendet als inspiriert. Die ätherischen Welten, der sternenübersäte Himmel - die für ihn so weit entfernten Planeten - sie alle sind Teil eines ungelösten Rätsels. Dem Erdenmenschen ist das lieber so. Ein paar kurze Jahre des irdischen Aufenthalts, dann der Zustand, den er Tod nennt. Nur Geburt und Tod und die Zeit dazwischen begreift er.

GOTT kennt keine Grenzen, weder konkrete noch ätherische. Wir *wissen*, dass nichts aus dem Menschen geboren wird, auch nicht der *höhere Mensch*. Die Formen mögen kommen und gehen, aber das, was die *Form* belebt, bleibt ewig bestehen.

Meine Tochter ... der Erdenmensch ist ein geborener Zauderer. Für ihn gibt es kein Heute, nur ein Gestern und ein Morgen. GOTT wagt es nicht, auch nur einen einzigen, unendlich langen Augenblick zu zögern. Würde er es tun, würde der gesamte Himmel einstürzen. GOTT schlummert nicht. Er ruht nicht. Nicht einen Augenblick lang lässt er in seiner Wachsamkeit nach, denn bei GOTT gibt es keinen Anfang und kein Ende. Die Unausgeglichenheiten von heute sind die Vollkommenheiten von morgen.

Alle Dinge strömen von der Quelle aus. Alle Dinge kehren zur Quelle zurück. Wir Venusianer haben gelernt, dieses „Quellenmaterial" zu kontrollieren und zu nutzen. Es ist die Hauptwurzel unserer Größe, denn Plasmen sind die Substanz der Seele.

Kind der Erde ... erinnere dich immer daran, dass GOTT allem Denken vorausging. ER ging aller Form voraus. GOTT ist dir so nahe wie der Atem selbst. Du musst nur den Schalter umlegen, um ‚GOTTES Energiequelle' zu erreichen. Und ... es gibt nur EINE KRAFT. Sie ist die treibende Kraft hinter aller manifesten Schöpfung. Es gibt nur EINEN GOTT - einen GOTT, der in SEINEM WESEN angebetet werden soll, nicht in seinem Bild.

Ich verabschiede mich jetzt, Kind der Erde", sagte sie dann. Ich spürte das Pochen ihrer langen, spitzen Finger auf meiner Schulter - die sanfte Berührung ihres heiligen Kusses fühlte ich auf meinen Lippen. DIANE verschwand, wie sie kam ... zurück in die unsichtbaren Äther.

ÜBER DIE BEDEUTUNG DES NEUEN ZEITALTERS

Das Morgenlicht, das durch mein Fenster hereinströmte, kündigte den Beginn eines neuen Tages an. Der Blick über die Weite der Wüste half mir, mich mit den subjektiven Bereichen zu verbinden und die Dimensionen meines Geistes zu erweitern. Die elektrische Ladung, die durch meinen Körper ging, sagte mir, dass SIE gleich hier sein würde. Würde sie in einer Vision kommen? Würde ich die Sanftheit ihrer goldenen Stimme hören? Würde ich ihre schattenhafte Gestalt erblicken?

„Guten Morgen, Erdenkind", grüßte sie warm, und ihre Stimme traf meinen Geist über die Ätherwellen. „Heute werde ich eine Rede über das kommende Neue Zeitalter halten. Seit vielen langen Jahren, meine Tochter, hat sich der Erdenmensch den Beginn einer neuen Epoche vorgestellt, einen Tag des Übergangs, an dem alle Dinge neu gemacht werden würden. Jeder Zentimeter der irdischen Schöpfung kann die tiefe, ungestillte Sehnsucht nach dem kommenden Zyklus spüren.

Die Zeit ist nicht mehr weit entfernt. Die Morgendämmerung der geistigen Dispensation, die so lange zurückgehalten wurde, werdet ihr bald sehen. Der Erdenmensch kann auf der Leiter der Materialisierung nicht viel weiter hinaufsteigen. Er hat die schwindelerregenden Höhen überquert. Jetzt muss er seinen schnellen Abstieg beginnen. Sein Aufstieg war langsam. Sein Abstieg wird zügig sein. Von diesem Punkt aus wird er dann seinen Aufstieg zu höheren Stufen der Nützlichkeit beginnen. Er wird nicht mehr nach materiellem Ruhm streben, nach Macht über seine Mitmenschen ... nach Besitz, der bald verblasst - denn er wird die Torheit seiner Wege erkannt haben. Er wird ebenso ernsthaft nach Wahrheit, Gerechtigkeit und Güte streben, wie er nach den Gütern der Erde gesucht hat. Das Kommen des Neuen Zeitalters ist längst überfällig, verzögert durch die Weigerung des Erdenmenschen, über sein eigenes kleines Ich hinaus nach Inspiration und Führung zu suchen. Obwohl er „die Herrlichkeit Gottes in der Höhe, auf Erden Frieden und Wohlwollen gegenüber den Menschen" gepredigt hat, ist dieses schöne Konzept nicht in seinem Herzen verankert.

Nein, Kind der Erde, wenn das neue Zeitalter anbricht, wird der Mensch nicht mehr nach dem Unfruchtbaren und Unfruchtbaren streben, das er in seinem kleinen sterblichen Verstand erschaffen hat; er wird danach streben, fruchtbar zu sein, sich selbst und die Menschen um ihn herum zu erhöhen. Er wird seine Mitstreiter in die höchsten himmlischen Gefilde herausfordern. Die Welt, die er mit Sinnlichkeit, mit Gier und Geiz, mit Machtgelüsten genährt hat, wird nicht länger ihre verachtenswerten Samen sprießen lassen. Sie werden auf dürren Boden fallen. Die Festtafel, die seine pompöse Eitelkeit genährt hat, wird weggetragen werden. Sein

Hunger wird ein geistiger Hunger sein, sein Durst ein geistiger Durst. Er wird für jeden kostbaren Tropfen geistigen Nektars danken, der seine heißen, ausgedörrten Lippen berührt.

„Sieh dir den langen Weg an, auf dem der Erdenmensch gestolpert ist," meine Tochter. Du wirst angewidert sein von den ekelerregenden Dummheiten der Menschen auf Erden. Du wirst die von Gier errichteten Strukturen mit Argwohn betrachten. Diesen muss der Erdenmensch das Feuer der Zerstörung anzünden, damit er nicht gezwungen ist, die Ungeheuerlichkeiten zu betrachten, die er geschaffen hat. Ich bin sicher, dass er nicht warten wird, bis sie zu Staub zerfallen und von Schlamm und Schutt bedeckt sind. Er wird sie so schnell wie möglich in Asche verwandeln. Da er zweifelsfrei weiß, dass er seinen menschlichen Tempel auf unsicheren Fundamenten errichtet hat, wird er sie nicht länger ansehen wollen. Auch die rituelle Leibeigenschaft, die er Gleichheit zu nennen gewagt hat, wird er mit Verachtung betrachten. Nachdem er sich über seine Mitmenschen erhoben hat, wird er wissen, dass das Feudalsystem des Mittelalters nie in Vergessenheit geraten ist. Es hat sich nur im Inhalt des Wortes verändert. Der Erdenmensch von heute hat nur wenig mehr Gnade walten lassen als die Feudalherren vergangener Tage. Wenn er sich selbst in der Rolle des Meisters sieht, mit der Peitsche in der Hand, bereit, bei der geringsten Provokation um sich zu schlagen, dann wird er erkennen, dass seine schändlichen Triebe sich nicht von den Regeln des Meisters und des Sklaven unterscheiden, die in der Kindheit des Zyklus geboren und gezüchtet wurden.

Kind der Erde, wenn du noch irgendwelche Zweifel hast, dann gehe zurück in deine Geschichte und veranschauliche dir die großen Eroberungen des Erdenmenschen. Diese Eroberungen, die er für so edel hielt ... was haben sie bewirkt? Sind sie nicht alle an ihrem eigenen Anspruch gescheitert? Sind eure großen Zivilisationen nicht zu Asche zerfallen?

Heute sind die Jahrhunderte verflogen, und die Sonne geht wieder über den bewaldeten Hügeln auf. Bald wird die Zeit gekommen sein, dass die HÖHEREN auf die Erde herabsteigen. Ihr werdet es in euren heiligen Schriften finden: 'Nun ist das unbeständige Reich der Welt zum Reich des Herrn und seines Christus geworden'. Off. 11,15.

Ja, Kind der Erde, wir von den Großen Planeten sind die Boten des Neuen Zeitalters. Wir sind die Engel, die so oft in euren heiligen Schriften erwähnt werden. Wir sind gekommen, um dem neuen Himmel und der neuen Erde Flügel zu verleihen. Wir sind gekommen, um bei der Vorbereitung auf das glorreiche Erbe zu helfen, das ihr eines Tages genießen werdet. Es ist seit langem beschlossen worden, dass eine Straße zwischen eurem und unserem Planeten errichtet werden soll.

Sei dir bewusst, Kind der Erde, dass unsere Wachtürme in all den langen Jahrhunderten niemals verlassen waren. Die Lichter unserer Glühbirnen haben nie aufgehört zu brennen. In deinen dunkelsten Stunden waren unsere Blicke auf dich gerichtet. Jetzt haben wir wieder unsere silbernen Schiffe in eure atmosphärischen Meere geschickt. Euer edler Roter Mann kannte uns in einer Vision. Er sah uns - im Morgenstern. Seine eigenen majestätischen Vorfahren haben sich vor langer Zeit auf unserem erhabenen Planeten niedergelassen. Dies wurde euch von unserem Bruder Blaue Wolke berichtet. Heute sind wir mit neuen Bedingungen konfrontiert, genau wie der Planet Erde. Da wir die Oberen eures Planeten sind, sind auch wir dazu bestimmt, in höhere Sphären aufzusteigen. Unser Werk ist die Seelenbefreiung, unser Credo die gleiche Gerechtigkeit für alle Völker des Universums. Deshalb wollen wir jetzt in aller Herrlichkeit kommen, damit eure sündenverhangene Erde gereinigt wird und auf jedem Zentimeter der Erdoberfläche fruchtbare Samen gesät werden können. Der Erdenmensch darf nicht länger auf die Stimme der falschen Führer hören. Er darf nicht länger von Worten ausgehen, die ihre Bedeutung verloren haben. In deiner neuen Dispensation muss der Mensch auf die Stimme seines Herzens hören. Nur dann kann er seine schöne Weihnachtshymne „Ehre sei Gott in der Höhe, auf Erden, Friede und Wohlwollen den Menschen gegenüber" verwirklichen.

„Auf eurem unglücklichen Planeten schreien das Herz und die Seele eines jeden Menschen nach einer neuen Lebensweise. Jeder Mensch sucht, bewusst oder unbewusst, nach etwas, das über seine unwirksamen Religionen hinausgeht und ihm zu einem größeren Verständnis verhilft. Er will etwas, das greifbarer ist als der Glaube, den man ihm beigebracht hat. Er will etwas, das er sehen, fühlen und berühren kann. Wenn er das findet, was er sucht, dann hat er die Kluft von Jahrhunderten überbrückt."

„Kind der Erde, im Neuen Zeitalter, dessen Anbruch du jetzt siehst, wird der Erdenmensch zu höheren Weihen der Nützlichkeit emporgehoben werden. Sein Credo wird sein: ‚Fürchte nicht Gott ... sondern liebe deinen Bruder.' Wenn seine Intelligenz geweckt ist, kann er mit den Geheimnissen der Raumfahrt betraut werden. Er wird in den Wegen einer größeren Wissenschaft unterrichtet werden. Die Zeit des Übergangs rückt rasch näher. Was zu Beginn des Zyklus in Bewegung gesetzt wurde, wird am Ende des Zyklus manifestiert und vollendet werden. Wann wird dieser Tag kommen, fragt ihr?

Die Übergänge sind stets überraschend und unerwartet. Wenn der allmächtige Augenblick kommt, werden Millionen unvorbereitet sein. Während das Wissen des Erdenmenschen im Laufe der Jahrhunderte zugenommen hat, ist seine Weisheit nicht gewachsen. Obwohl er das Kommen von Wundermitteln als Allheilmittel für die Übel der Menschheit ankündigt, hat er noch kein Heilmittel für das größte Übel von allen entdeckt - die Verschmutzung des Lebensstroms des menschlichen Bewusstseins. Wenn all dies eintritt - dann wird der Übergang folgen.

„Kind der Erde, wir kommen jetzt, damit alle Zweifel ausgeräumt werden. Diejenigen, die nicht vorbereitet sind, können sich nicht von selbst erheben. Sie brauchen unsere Hilfe. Zeichen werden entlang des Weges angebracht sein. Das Wort vom Neuen Zeitalter wird schnell verbreitet werden. Diejenigen, die bereit *sind*, werden uns begegnen und uns anerkennen. Wir werden zuerst in einer Vision erscheinen, dann werden wir gemeinsam auf den Straßen der Erde wandeln. Unsere Führer und Lehrer werden ohne Zahl sein. Wir werden stets darauf achten, dass der Erdenmensch nicht in den Sumpf vergangener Taten abgleitet. Wir werden alles tun, um ihn vor dem Schwanken zu bewahren und zu verhindern, dass er fällt. Er wird sich nicht im Verstehen irren, denn wir werden eine Sprache sprechen, die alle verstehen werden. Unser strahlendes Licht wird über jeden Zentimeter der Erdebene ausgestrahlt werden. Keiner kann sich vor dem Licht verbergen oder verstecken. Einer nach dem anderen werden diejenigen, die sich verirrt haben, auf den Pfad der Gerechtigkeit zurückgeführt. Es ist unsere Hoffnung und unser Gebet, dass niemand verloren gehen wird.

Kind der Erde ... an jenem Tag werden die Kranken geheilt werden. Die Betrübten werden getröstet werden. Die Hungrigen werden gespeist werden. Dies ist die Neue Erlösung - der Weg in das neue Morgen."

Möge der Segen der Venus auf dich scheinen, Kind der Erde.

Ich bin DIANE. Ich werde wiederkommen."

ÜBER DIE ANGST

ES war ein anstrengender, schwieriger Tag gewesen. Einer dieser Tage, an denen alles schiefging. Frustrationen hatten mich von allen Seiten heimgesucht. Erschöpft von allem hatte ich mich früh zur Ruhe gesetzt. Aber nicht, um zu schlafen. Stunde um Stunde wälzte ich mich auf den taufrischen Laken und versuchte, meine Gehirnzellen zu zwingen, eine Antwort auf meine Probleme zu geben. Doch stattdessen...

In der Mitternachtsstunde wurde mein aufgewühlter Geist ruhig. Es war eine mondlose Nacht und es herrschte nur eine stygische Dunkelheit. Unerwartet fegte ein phosphoreszierender Schein durch mein Zimmer, gefolgt von einer kleinen leuchtenden Scheibe, aus der eine leuchtend orangefarbene Flamme strömte. Das Leuchten bewegte sich langsam über die gesamte Länge meines Zimmers und verschwand dann aus dem Fenster, wo es sofort wieder verschwand.

Ich saß kerzengerade und war fasziniert. Dann nahm ich aus dem Augenwinkel auf der gegenüberliegenden Seite des Bettes die schwachen Umrisse einer schattenhaften Gestalt in weißem Gewand wahr. Obwohl die Gesichtszüge undeutlich waren, wusste ich, dass es DIANE war.

„Ich komme wieder, meine Tochter", sagte sie. „Diesmal, um deine unnötigen Ängste zu zerstreuen. Furcht, Kind der Erde ... ist *nicht* von Gott. Angst ist die

Fessel deines Planeten Erde. Den Kindern der Erde wurde sogar beigebracht, Gottes zornigen Zorn zu fürchten. Was für ein falsches Konzept war das!

Die Furcht hat die Feuer der Inspiration gedämpft. Die Angst hat das Licht der Vernunft aus der Seele des Erdenmenschen gezwungen. Die brennenden Feuer einer vom Menschen geschaffenen Hölle haben den Erdenmenschen durch die Äonen der Zeit hindurch gequält.

Die Furcht, meine Tochter, ist die Asche der Sünde. Sie hat deinem unglücklichen Planeten eine lange Reihe zerbrochener Hoffnungen gebracht. Dies wäre nicht so, wenn der Erdenmensch sich von seinen Ängsten befreien würde. Weil der Mensch sich fürchtet, werden die bösen Kräfte aus den dunkelsten Kerkern hervorgeholt. Die hasserfüllte Vergangenheit lebt wieder und wieder auf.

In der Kindheit dieses langen und mühsamen Zyklus schuf der Erdenmensch Bilder nach seinem Ebenbild, um sich in betendem Flehen davor niederzuwerfen. Er betete eher die falschen Götter an als den lebendigen GOTT. Dadurch wurde seine Vorstellung vom wahren GOTT verzerrt. Dann begann er, die Erfahrung von Krankheit, Armut und dem Bösen zu machen. Als dieses falsche Konzept den Thron besetzte, wo sein GOTT hätte sitzen sollen, wurde der Erdenmensch verwirrt. Er war gezwungen, durch Jahrhunderte verzweifelter Zivilisation zu waten. Die böse Saat, die in einer Generation gesät wurde, wurde in die nächste gestreut. Und so weiter.

Hinter jedem Übel steht das Gespenst der Angst. Die Angst gräbt sich tief in die abstoßenden Leidenschaften ein und bildet dort ein Sediment des *Bösen*. Der Bösewicht, der sich vor sich selbst fürchtet, lebt in „einer Welt der Schatten". Geblendet von den Ängsten, die er geschaffen hat, ist er zu schwach, um sich aus seinem Elend zu befreien. Und so lebt er weiter in den Oberflächlichkeiten des Lebens, seine Augen geblendet, seine Seele verlassen.

Die Angst hat den Erdenmenschen an die Gier gefesselt. Sie hat ihn durch die ganze Skala der Zerstörung geführt. Sie hat ihn oft aus dem Leben gerissen, bevor seine Gewalttätigkeitsmuster zu Ende waren. Diese Übel trägt er mit sich in die Unterwelten, wo sie von anderen erworben und weitergegeben werden.

Kind der Erde ... die Straßen und Wege des Lebens sind übersät mit den Prunkvollen und Eitlen. Die Wurzel der Eitelkeit ist die Angst. In ihrem tiefsten Inneren sind die Prunkvollen reumütig und traurig. Obwohl es für den guten Menschen schwer zu verstehen ist, ist die Sünde für den Übeltäter genauso abstoßend wie für den, der unter dem begangenen Übel leidet.

Deine Menschlichkeit fragt stets: ‚Kann der Mensch sich von seinen abscheulichen Sünden erheben?' Ja, meine Tochter ... lasst mich immer wieder wiederholen, wir von den größeren Planeten sind gekommen, um als Hirten und Hirtinnen zu handeln und den Erdenmenschen aus seinem Chaos herauszuführen. Um ihn aus seinem jahrhundertealten Schlummer zu erwecken. Um ihn von den wiederholten Irrtümern zu befreien, in denen er verankert ist - Irrtümer, die in die Karte der Zeit eingebrannt sind.

Eure Menschheit muss sich wieder erheben. Eure Zivilisation muss gerettet werden. Nur dann kann auf dem Planeten Erde ein dauerhafter Frieden herrschen. Nur dann kann es eine absolute Sicherheit für den Fortbestand und das Wachstum der Menschheit geben. Wenn der Erdenmensch in den höchsten Gefilden des Geistes verweilen will - wenn er den sanften Melodien der Nacht lauschen will - wenn er eine erfolgsgekrönte Existenz kennenlernen will - muss er sich von seinen Ängsten befreien. Er muss sie für alle Zeiten loswerden. Nur dann können ihm die Geheimnisse des ewigen Lebens anvertraut werden. Nur dann wird er die wahre Bedeutung der Einheit erkennen. Erst dann wird seine Seele frisch und gereinigt sein. An jenem Tag wird es keinen Kampf mehr geben - Reichtum wird in Hülle und Fülle fließen. Der Erdenmensch wird in der Lage sein, die grenzenlosen Quellen anzuzapfen, in denen das Leben von allem Guten erfüllt ist und überfließt. Die Herzen der Menschen werden vor Freude singen, denn alle werden sich auf dem gleichen Niveau zur Vollendung erheben.

Kind der Erde ... der Mensch schließt den Kreis nicht in einer kurzen Lebensspanne. Furcht und Unwissenheit unterdrücken die Keime des Wachstums.

Die in einer Jahreszeit gepflanzten Samen keimen und wachsen in der nächsten. Mit der Zeit werden die Sträucher zu Bäumen, die kräftig und stark werden. Der Baum wird schließlich zum „Baum des Lebens".

Große Veränderungen auf der Erde stehen bevor, meine Tochter. Die falschen Pyramiden, die der Erdenmensch errichtet hat, werden bald zu Staub zerbröckeln. Materialismus und Spiritualität müssen zu einer Einheit verschmelzen. Es wird eine soziale Kompetenz geben, denn der Geist wird bis in den Kern eures sozialen Systems vordringen. Anpassungen sind unvermeidlich. Die Denkweisen der Menschen müssen sich ändern. Sie können nicht alle auf einmal geändert werden. Der Erdenmensch wird nach Wegen der Flucht suchen. Wenn er die Türen geschlossen und verriegelt vorfindet, wird er anfangen zu kooperieren. Er wird wissen, dass er kooperieren muss. Seines Stolzes und seiner Selbstgefälligkeit beraubt, die er fälschlicherweise für Mut gehalten hat, wird er seine falschen Vorstellungen gerne auf den Scheiterhaufen werfen.

Der Erdenmensch ist in seinem langen Lebensstrom ein Schiff ohne Ruder gewesen. Anstatt vorwärts zu marschieren und seinem Gott treu zu bleiben, ist er rückwärts auf seine eigene Zerstörung zugerast. Der Tag ist nahe, an dem er nicht mehr das von ihm geschaffene Blechdasein anbeten wird, sondern Respekt vor dem hat, was Gott durch ihn geschaffen hat. Er wird seiner göttlichen Quelle Dank sagen. Er wird die Bedeutung der Einstimmung erkennen.

Und nun, Kind der Erde, lege deine Ängste für alle Zeit ab. Wenn Gott mit dir ist, gibt es keinen Platz für Ängste, Zweifel, Hass, Eifersucht oder für das rücksichtslose Herumtrampeln auf dem menschlichen Leben. Gott ist derselbe - gestern, heute und in Ewigkeit. Es gibt nur EINE SUBSTANZ. Es gibt nur EINE ENERGIE ... das ewige, schöpferische LEBEN GOTTES. Wenn der Erdenmensch gegen die Gesetze Gottes verstößt, spürt er tief in seinem Gewissen die Ängste, die seinen endgültigen Untergang bedeuten.

Die Errungenschaften der Venus sind in GOTTES herrlichen Wahrheiten verwurzelt. Diese gleiche Errungenschaft wird der Erdenmensch eines Tages erben. Lange Jahre hat er auf die Wiederkunft seines Erlösers gewartet, um ihm die gleiche frohe Botschaft zu bringen. Er hat dafür gebetet, dass seine höhere Vision geweckt wird. Wenn der Erdenmensch von seinen Ängsten befreit ist, wird er einen edlen Beitrag zur gesamten Expansion leisten. Er wird die ganze kosmische Wirklichkeit in Wahrheit erfahren. Er wird eine göttliche Sprache sprechen, die helfen wird, jedes Herz zu erheben. Wenn seine Wahrnehmungen gereinigt sind, wird er den Sinn der letzten Ziele des Lebens erkennen.

Kind der Erde, all das ist heute für den Erdenmenschen greifbar nahe.

Er schwankt zwischen zwei Welten. Sobald er seine Füße auf den richtigen Pfad setzt, wird er alsbald zur Quelle der Größe reisen. Dann wird er wissen, dass sogar seine Träume eine Seele haben und dass sich die funkelnden Lichter der Zivilisation mit den erleuchteten Lichtern von OBEN vermischen können. Die Konzepte, die er von uns lernen wird, werden schließlich in seine eigene soziale Struktur eingebaut werden. Sie werden ein Teil des zivilen und religiösen Lebens werden. Das Dasein wird dann zu einer Reihe von Wundern werden. Der Mensch wird die Zeit überlistet haben. Er wird den Raum überwunden haben. Er wird das Prinzip verehren, weil er ein Prinzip geworden ist. Er wird die Wirklichkeit kennen ... weil er die Wirklichkeit ist. Er wird eins sein mit allem Leben überall, denn die Wunde, die er so lange genährt hat, wird geheilt sein.

Die Seele des Erdenmenschen ist ewig. Sie kann nicht durch Feuer oder Flut zerstört werden. Wenn sich seine Sichtweise geändert hat - wenn sich sein Standpunkt gewandelt hat, wird er seine Bemühungen darauf richten, die Welt, in der er lebt, zu verändern. Er wird sich zu neuen Horizonten erheben, wo er die Hand Gottes berühren wird.

Und nun, Kind der Erde, verlasse ich dich wieder mit meinem Segen.

Doch ich werde in der Zukunft wiederkommen, ein lebendiger Zeuge der Wahrheit.

DIANE.“

ÜBER TELEPORTATION

ES war Vollmond und der Wüstensand sah aus wie frisch gefallener Schnee. Ich liebte diese lauen Sommernächte, und oft streckte ich meinen arbeitsmüden Körper auf einem Feldbett aus und blickte in den Sternenhimmel, der einen riesigen Baldachin über der Wüste bildete. Als ich wieder einmal mit meinen Gedanken allein war, begann mein Geist in die nebulöse Welt des Weltraums zu wandern. Segment für Segment wurde mein Bewusstsein in das große Unbekannte hinausgetragen.

Plötzlich spürte ich ein verstärktes Bewusstsein, das die Funken meiner Seele zu entzünden schien ... dann kam die widerhallende Melodie und der süße Duft des Parfüms - ich erkannte die nahende Gegenwart der lieblichen DIANE. Für einige Augenblicke herrschte Stille, so schien es, dann zog sie mich in ihre warme Umarmung. Die süßen Worte ihres Geistes schwebten über die Wellen der Nacht.

„Erneut komme ich zu dir, Kind der Erde ... dieses Mal, um einige der falschen Vorstellungen über uns und das Geheimnis unserer silbernen Scheiben, die ihr Erdlinge so vulgär fliegende Untertassen nennt, auszuräumen. Schaut in den Sternenhimmel, nehmt den riesigen Raum zwischen der Erde und dem Himmel darüber gut wahr. Dort, in diesem Meer des Raumes, wirst du die Schlüssel zu allem Wissen finden, denn der Raum, meine Tochter, ist gleichsam die Rührschüssel des

Kosmos. In dieser großen chemischen Region darüber wird ständig ein Element in ein anderes aufgelöst. Das ist die Materie, in der sich die Schöpfung abspielt. Sie ist der Hinweis auf den ständigen Wandel, auf die Evolution selbst.

In dem riesigen Meer über euch gibt es ein 'Zentrum' ... eine ‚Nabe'. Das Gleichgewicht ist der Grundton der gesamten Schöpfung. Wenn die Erdbewohner das Gleichgewichtsrad des Kosmos finden, werden auch sie mit den Prozessen der Schöpfung vertraut werden. Sie werden das Universum als ein größeres Muster erkennen - das Muster der Vollendung.

Vor vielen langen Jahrhunderten haben wir Venusianer diesen Schlüssel gefunden. Seitdem sind wir zu dynamischen Schöpfern geworden. Nachdem wir die Kunst der Schöpfung gut gelernt haben, steht uns alles offen. Der Kosmos mag weit, weit weg erscheinen, mein Kind, aber er ist dir so nahe wie der Atem selbst. Der Mensch, ob er nun auf der Erde oder auf einem der großen Planeten wohnt, ist ein kleiner Kosmos in sich selbst. Wenn er das Rad des Gleichgewichts findet, kann er alles tun, was das größere Universum tun kann. Wenn zwischen Mensch und Gott ein vollkommenes Gleichgewicht herrscht, gibt es Übereinstimmung ... Synthesen des Greifbaren mit dem Ungreifbaren. Dies führt zu einem vollkommenen Verständnis aller Dinge, manifester und unmanifester. Wenn du einmal mit dem ‚Zentrum' dieses großen chemischen Labors in

Berührung gekommen bist, wirst du wissen, dass du ein integraler Bestandteil des Großen Plans der Dinge bist.

In diesem Laboratorium werden alle Gedanken geschaffen ... die Gedanken werden ineinander übersetzt. Dort findet die Metamorphose statt. Sobald du das perfekte Gleichgewicht erreicht hast, steht dir alles Wissen zur Verfügung. Du brauchst nur zu ‚wünschen‘, die Antwort auf die abstruseste Frage zu erfahren, und sie wird in einem Augenblick von diesem weiten Horizont zurückgeblendet.

Erdenkind, du musst dich nur wie wir in diese höheren Gefilde erheben, um die Wahrheit zu erfahren. Im Zentrum von allem kannst du in jeden Teil des Universums schauen. Dies ist die Werkstatt Gottes. Hier werden die Schöpfungen manifestiert. In dem Maße, wie das Zentrum berührt wird, rückt das Größere Universum näher und näher. Dann - wenn der Mensch in einer Sache geschickt ist - werden ihm größere Aufgaben übertragen - Aufgaben, die größere Fähigkeiten erfordern. Wenn er den Zenit seiner Fähigkeiten auf einem Planeten erreicht hat, wird er in größeren Sphären wiedergeboren. Eure gegenwärtige Zivilisation ist nahe am Gipfel ihrer irdischen Fähigkeiten. Einige wenige von Gottes Auserwählten werden bald die Erlaubnis erhalten, zu diesem ‚Zentrum‘ zu gehen - den herrlichen Himmel zu erleben, der dort ist - und dann zurückzukehren, um anderen auf dem Weg zu helfen.

Die großen Massen müssen in Abschnitten auftauchen. Sie werden von Führern zusammengeführt, die versuchen werden, sie in einen einheitlichen Gedanken zu verpacken. Wenn kollektive Einheiten gebildet werden, wird der Fortschritt schnell sein. Diese Arbeit muss mit den schwächsten Gliedern beginnen. In dem Maße, wie die schwachen Glieder gestärkt werden, werden auch die starken Glieder gestärkt. Das ist zwar schwierig und erfordert große Anstrengungen, aber die Schwingungen werden zur Beschleunigung des Prozesses beitragen. In dem Maße, in dem jedem eine bestimmte Verantwortung übertragen wird, werden, angetrieben durch die ‚eine Idee‘, schnell neue Ebenen erreicht werden. Wenn sich das neue Weltbild durchsetzt, wird es nur wenige Widerspenstige geben ... weniger, die versagen werden. So wie Blumen den Sonnenschein zu schätzen wissen und in prächtiger Blüte erstrahlen, wird der Mensch, wenn er die schöne neue Welt um sich herum sieht, ebenfalls versuchen, in dankbarer Anerkennung etwas zurückzugeben.

Wenn fruchtbare Samen gesät werden und dynamische Kraft hinzukommt, werden alle Dinge in Bewegung geraten. Statik schafft die sich langsam bewegenden Zeiten. Statik verhindert, dass der Mensch auf die größere Manifestation hinarbeitet. Meine Tochter, auf dem Weg des Lebens gibt es immer zwei Straßen - zwei verschiedene Wege, auf denen der Erdenmensch reisen kann. Nur die Intelligenz kann seine Schritte in die richtige Richtung lenken. Auf eurer Erde wird die Art des

Zyklus, der vor euch liegt, von der 'Gedankenkraft' bestimmt, die im Meer der reinen Dimension, das ihr jetzt seht, in Bewegung gesetzt wird.

Kind der Erde ... du wirst jetzt sehen, dass all diese ‚Vorarbeiten' dazu dienten, eine Prämisse zu schaffen, auf der das Prinzip der Teleportation zufriedenstellend erklärt werden kann, denn mittels Teleportation können wir von Planet zu Planet reisen. Seit vielen langen Jahrhunderten besitzen wir Venusianer teleportative Kräfte. Mit Teleportation meine ich die Fähigkeit, einen Ort zu verlassen und sich an einem anderen Ort mit der Geschwindigkeit von Gedanken wieder zu manifestieren. Es ist nur dann möglich, einen festen Körper zu teleportieren, wenn ein perfektes Gleichgewicht zwischen Geist und Materie besteht. Nur der Vollkommene, der das Zentrum des Universums berührt hat, kann teleportieren oder teleportiert werden. Im Laufe der Jahrhunderte sind einige wenige Erdbewohner in der Kunst dieser himmlischen Mechanik unterwiesen worden. Es gibt viele Aufzeichnungen über mysteriöse Erscheinungen und Verschwinden, sogar über das spurlose Verschwinden ganzer Zivilisationen.

Bei der Teleportation müssen die Schwingungen Zeit und Raum transzendieren. Zeit und Raum werden eliminiert. Es muss eine intensive Visualisierung stattfinden. Wenn die Schwingungen beschleunigt werden - eine ganze Oktave über die übliche Norm angehoben -, dann beugt sich die scheinbar leblose Materie jedem Befehl des Geistes. Bei der Teleportation darf es nur einen einzigen Gedanken geben, und dieser Gedanke ... ist allmächtig.

Meine Tochter, Teleportation ist der Akt der Vereinigung von Geist und Materie im Zentrum. Das hast du in deinem Pflanzenreich gesehen, wo man es - spontane Erzeugung - nennt. Ich wiederhole noch einmal, in seltenen Fällen sind den Erdenwesen teleportative Kräfte verliehen worden. Teleportation ist für Erdenmenschen sehr schwierig, denn euer Planet ist ein Planet der langsamen Schwingung, während der unsere augenblicklich ist. Erdenmenschen, selbst die „Großen", geraten bei ihren Versuchen oft aus dem Gleichgewicht.

Eine objektiv-subjektive Beziehung zieht sich durch alle Dinge. Wo ein vollkommenes Gleichgewicht herrscht, erwacht die sogenannte leblose Materie allein durch die Kraft der Gedanken zum Leben.

Ich wiederhole noch einmal ... bevor Teleportation möglich ist, muss zuerst eine Grundlage geschaffen werden. Erst dann kann die schöpferische Kraft von Gottes inspiriertem WORT Fleisch werden. Ihr habt das Ergebnis dieses göttlichen Befehls gesehen, als ich mich euch und anderen in teleportiver Substanz manifestierte. Zuerst habe ich durch einen dynamischen schöpferischen Willen bekräftigt, dass das, was *Fleisch* war, zu *Geist* werden sollte. In einem Augenblick begannen sich die Atome meines fleischlichen Körpers aufzulösen. Augenblicklich war ich von einem unsichtbaren Schattenkörper umgeben. In der Zeit, die ein Gedanke braucht, um durch den Raum zu reisen, kam ich an meinem Ziel an. Noch immer in einen „Gedankenkörper" gekleidet, gab ich erneut den Befehl, dass das Unsichtbare sich verkörpern sollte. Ich sprach das *Wort*.

ICH BIN DIANE. ICH BIN HIER, MANIFESTIERT IN IRDISCHER GESTALT. Sogleich wirbelten die fleischlichen Atome zu einem Muster zusammen - und wie du gesehen hast - wurde in einem Augenblick ein Zustand der Festigkeit erreicht. Ich war DIANE ... nicht im Geiste ... sondern im Fleische.

Meine Tochter ... denke immer daran - ohne innere Vollkommenheit kann es keine äußere Vollkommenheit geben. Es muss ein perfektes Gleichgewicht zwischen dem Reich des Geistes und dem Reich der Materie bestehen.

In diesem großen Universum gibt es Welten innerhalb von Welten; jede trägt ihre eigene Schwingungsrate in höhere Welten. Gleichgewicht ist der Schlüssel zum Erfolg. Geht man zu weit in die eine Richtung und nicht weit genug in die andere, ist das Ziel verfehlt. Geschicklichkeit macht alle Dinge möglich.

Wie ich schon sagte - bei der Teleportation werden feste Körper durch eine unsichtbare Kraft bewegt. Bevor Teleportation demonstriert werden kann, muss die Kraft der Gedanken mit dem Zustand der Manifestation übereinstimmen. Die Visualisierung muss allmächtig sein. Nur auf diese Weise kann der „Zustand" der lebensspendenden Plasmen verändert werden.

Damit du es besser verstehst, Kind der Erde ... lass es mich noch anders ausdrücken. Bei der Teleportation wird die Substanz aus dem Kosmos gezogen und allein durch die Kraft der Gedanken in Form gebracht. Das gilt nicht nur für belebte Körper - sondern auch für unbelebte. Für die Durchführung der Teleportation ist eine Konzentration des Bewusstseins erforderlich. Eine Konzentration des Bewusstseins ist auch für jedes weltverändernde Ereignis erforderlich. Dies ist das Prinzip der direkten Schöpfung.

Kind der Erde ... obwohl es auf eurer Erdenebene seltene Fälle von Teleportation gegeben hat, wird es noch viele Jahrhunderte dauern, bis die irdischen Körper subtil genug sind, um Teleportation allgemein durchzuführen. Der vielleicht herausragendste Beweis für Teleportation auf eurer Ebene war der eures großen Lehrers, Jesus, des Christus: ‚Und sie sahen, wie er in einer Wolke emporgehoben wurde.' ... ‚Und ich sah eine weiße Wolke, und auf der Wolke saß einer, gleich einem Menschensohn, der hatte eine goldene Krone auf dem Haupt und in der Hand eine scharfe Sichel.'

Meine Tochter ... erschrecke nicht, wenn ein Reisender von anderen Planeten in deine Mitte kommt. Öffne dein Herz und heiße ihn willkommen, denn er bringt dir eine Botschaft.

Und wieder verabschiede ich mich mit Segenswünschen ... bis wir uns wiedersehen." Ich hörte die leisen Töne einer wunderschönen Hymne... „Gott sei mit dir, bis wir uns wiedersehen." Mit dem Duft von seltenem Weihrauch in der Nase - war Diane verschwunden.

ÜBER GEDANKEN

Hoch oben in den kiefernbewachsenen Klippen von Pinecove, Kalifornien, fand DIANE mich wieder. Der schöne Spätsommermorgen schien dem süßen Gesang der Vögel neues Leben einzuhauchen. Skinny und Janie, zwei spielfreudige Eichhörnchen, schimpften nach ihrem Frühstück, denn es war schon nach ihrer „Erdnusszeit". Diese kleinen grauen Spielgefährten waren eher Baumgeister als lebendige Tiere. Wie sehr waren sie doch auf den Menschen angewiesen, wenn es um ihre tägliche Mahlzeit ging!

Die Luft war leicht kühl, aber sie war sauber und frisch und duftete nach den Gelbkiefern des Berges. Ich glaubte sie zu hören, wie sie mir ins Ohr flüsterte.

„Guten Morgen, Kind der Erde ... lass uns wieder zusammensitzen, denn die Tage werden kürzer und es gibt viel zu sagen." Mit meinen sterblichen Augen konnte ich sie nicht sehen, doch ich grüßte sie mit einem Lächeln. Ich hatte inzwischen gelernt, ruhig zu sein, wenn sie erschien. „Deine Erde", begann sie, "schwimmt in einem Meer der Negation. Das negative Denken ist aus den Tiefen der Zeit aufgestiegen, und der Erdenmensch ist an das negativen Fallbeil der Tradition gekettet. Seit Ewigkeiten ist die Masse der Menschheit von negativen Gedanken durchdrungen. Falsches Denken hat sie in den Katakomben des Leidens gefangen gehalten. Sie hat in einer Welt verzweifelter Hoffnungen gelebt, weil sie nicht versucht hat, die Schale der Unwissenheit zu sprengen. Die Gedanken, die der Erdenmensch so achtlos pflanzte, sind an seinem Lebensbaum gereift.

„Kind der Erde, Irrtum zu denken bedeutet, Irrtum zu erzeugen. Der ,Gedanke' ist mächtiger als eure Armeen, denn wenn es kein falsches Denken gäbe, bräuchte man keine Armeen.

Die Welt, die der Mensch verabscheut, hat er selbst durch falsches Denken geschaffen. Aber sie kann schnell wiederhergestellt werden, wenn er die Gedanken des Irrtums durch Gedanken der Wahrheit ersetzt. Erinnere dich, meine Tochter, dass hinter der Manifestation diese Gedankenmuster stehen. Im Reich der Gedanken sind alle sichtbaren Dinge die Formen der Gedanken. Alle sichtbaren Manifestationen - alle Dinge werden geschaffen, ob zum Guten oder zum Bösen. Wenn der Erdenmensch es will, kann er sich allein durch die Kraft der Gedanken von einem Wesen aus verwesendem Fleisch in ein gesundes, vitales Individuum verwandeln. Ebenso kann er sich von einem Zustand der Verarmung in ein reiches und überfließendes Leben verwandeln. Während dieser Äonen der Zeit war der Erdenmensch durch die Fesseln seines irrigen Denkens an die niederen Gefängnisse gebunden.

Wenn es nicht die wenigen wahren Denker gäbe, meine Tochter, würde deine Welt bald verdorren und sterben. Die Zeit wird kommen, in der auch du die Macht über die Umstände durch deine Gedanken haben wirst. Du wirst in der Lage sein, die Ursubstanzen allein durch

119

Gedanken in Festkörper zu formen. Es war unser großes Privileg, viele lange Jahre lang direkt und halbdirekt zu erschaffen. Die Zeit ist nahe, in der wir in der Lage sein werden, alle Manifestationen durch die Mentalebenen zu bringen.

Der Gedanke ist schöpferisch, meine Tochter. Gedanken sind die Heilmittel. Gedanken sind die Bausteine. Die Macht der Gedanken ist allmächtig.

In deiner Welt gibt es ein Sprichwort: ‚Mord kommt vor'. Ein Mörder wird nicht so sehr durch geschickte polizeiliche Fahndung gefasst, sondern der Mörder wird in der Regel durch seine eigenen Gedanken gefangen. Er wird entdeckt, weil die Schärfe des ‚Gedankenguts' in den universellen Äther eingegangen ist.

Wie lange blieb das Geheimnis eurer Atombombe geheim? Nicht lange, wie du sehr wohl weißt. Auch durch Gedanken ist nichts unmöglich zu erreichen. Wo ein Verstand mit einem anderen spricht - wo Einstimmung und gegenseitiges Interesse herrscht, gibt es auch die wundersam wirkende Kraft der Gedanken.

Eure irdischen Wissenschaftler versuchen heute jede Art von Magie, um das Denken kurzzuschließen. Wir Venusianer brauchen keine wissenschaftlichen Präzisionsinstrumente, weil wir gelernt haben, unseren Verstand klar zu halten. Scharf und sauber führen wir unsere Gedankenmuster zu ihrer eigenen Erfüllung.

Der Gedanke ist frei. Er kann überall hin, zu jeder Zeit. Der Gedanke kann durch den Raum reisen. Er kann mit Lichtgeschwindigkeit reisen. Der Gedanke kann von einer Ebene zur anderen funktionieren. Deshalb kann unser wohltätiger Einfluss in jeden Teil des Universums gesendet werden. Weltliche Bereiche sind keine Barrieren für Gedanken. Wenn die Erdbewohner lernen, wie sie ihre Gedanken kontrollieren und manipulieren können, werden sie geradeaus gehen, weil sie geradeaus denken werden. Nur dann können die Erdbewohner wirkliche Erleuchtung und Weisheit erlangen.

Klares, prägnantes Denken sollte zur Gewohnheit gemacht werden - eine emotional kontrollierte Gewohnheit. Man sollte nur konstruktive Gedanken in das Unterbewusstsein eindringen lassen. Der Geist sollte von allem Gedankenschutt befreit werden, bevor man sich in den Schlaf begibt. Negative und destruktive Gedanken sinken tief in die Kanäle des Unterbewusstseins und bringen dort verzerrte Manifestationen hervor.

Die Grundlage unseres venusianischen Bildungssystems ist die Lehre des konstruktiven Denkens. Wir füttern den Geist mit ‚kreativen Werten'. Wir beschäftigen uns nicht mit Gedächtniskursen. Junge Geister in der Bildungsphase müssen nicht mit dem Buchstaben von Ereignissen beeindruckt werden. Ein richtig geschulter Verstand kann sich jederzeit aus eigenem Antrieb auf diese Ereignisse einstimmen. Intuitives Wissen ist wahres Wissen. In unserer pädagogischen Arbeit betonen wir immer feinere Stufen des Denkens, denn im Bereich des Denkens liegt das Alpha und Omega der Existenz.

Reine Wahrnehmung ist die Einfachheit selbst, wenn der Verstand richtig geschult ist. Die Dimensionen des menschlichen Verständnisses werden durch die Macht der Gedanken vergrößert. Gedanken, ob negativ oder positiv, schneiden tiefe Furchen in das Bewusstsein. Wenn ein unerwünschter Gedanke dort abgelegt wird, sollte er durch eine kraftvollere, neue Schöpfung ersetzt werden.

Kind der Erde - erweiterte Sicht bedeutet bei uns lediglich, die Türen des Geistes zu öffnen. Wir halten es für viel wichtiger, unser geistiges Haus sauber zu halten als unsere physische Behausung. Eure anspruchsvolle Erdenmutter würde vor Scham erröten, wenn sie nur den unordentlichen Zustand ihres unsichtbaren Hauses sehen könnte. Sie wäre beschämt über die Unordnung, die sie dort vorfindet.

Unerwünschte Gedankenformen können aufgelöst und eliminiert werden, indem man an ihrer Stelle mächtigere Gedankenformen schafft. Diese Regel, rigoros und richtig angewandt, ist die Lösung für alle Probleme. Wir von den höheren Planeten zollen euren Pionierseelen Tribut, die auf ihre schwache Art versuchen, den Erdenkindern Erleuchtung zu bringen. Überlegenes Wissen war bisher nur wenigen vorbehalten, doch in den letzten Jahren haben eure abenteuerlustigeren Universitäten den fortgeschritteneren Gemütern ‚Studien im Denken' nahegebracht. Dies ist ein großer Schritt in Richtung Errungenschaft. Durch die Kanäle des Denkens wird eines Tages ein Reich des Friedens auf eurer Erde herrschen.

Wenn die Prinzipien des Denkens auf die Aufgabe des Lebens angewendet werden können, wird Krankheit, wie ihr sie auf der Erde kennt, verschwinden. Ihr werdet nie wieder Armut und die damit verbundenen Sorgen kennen. Gelegenheiten werden überall vorhanden sein. Ihr werdet den Verstand als ein heiliges Heiligtum kennenlernen, als die Tür zwischen dem, was ihr wisst, und dem, was ihr wissen wollt.

In den Tiefen des menschlichen Geistes werden Sie die Antwort auf jedes Problem finden. Heute habt ihr die größte Chance in eurer langen Geschichte, denn in jeder Übergangsphase gibt es immer kosmische Hilfe. Wenn ihr nur die Türen eures Verstandes öffnet, werden wir von den fernen Planeten euch helfen, eure spirituell erschöpften Seelen neu zu besäen. Wir können euch helfen, zu den Höhen der Größe aufzusteigen.

Denke gut über diese Dinge nach, meine Tochter, denn wie einer deiner Weisen einmal sagte: ‚Wenn die Tore der Wahrnehmung gereinigt würden, würde dem Menschen alles so erscheinen, wie es ewiglich ist'.

Erneut gehe ich nun und hinterlasse dir den Segen der Venus. Und - ich werde wiederkommen!"

DIANE

ÜBER DEN TOD

ES war die Zeit zwischen der Dämmerung und dem Tageslicht. Seltsame elektrische Schwingungen durchdrangen den Raum. Plötzlich schien sich ein dunkler Vorhang über meine Augen zu legen. Ich wurde in düstere Dunkelheit getaucht. Nach einer mir endlos erscheinenden Ewigkeit erschien ein seltsames, phosphoreszierendes Leuchten vor meinem angestrengten Blick. Ich schien von einem seltsamen Zauber umhüllt zu sein, denn die beleuchtete Fläche wurde immer größer. DIANE war noch nie auf diese Weise gekommen, und einen Moment lang hielt ich sie für eine Betrügerin.

„Kind der Erde ... Ich grüße dich an diesem trostlosen Morgen von hinter dem Vorhang des Lebens. So wie ich gekommen bin, so werde ich auch wieder gehen. Ich möchte nicht dramatisch erscheinen, aber meine Tochter, ich möchte, dass du mit Gewissheit weißt, dass das Leben nach dem Grab weitergeht. Ich möchte, dass du in deinem Herzen und deiner Seele weißt, dass der *Tod* nicht das ist, was die Erdbewohner daraus machen. Das Leben ist eine Erfahrung auf einer Ebene - das Leben des Todes ... eine Erfahrung auf einer anderen.

Obwohl der Erdenmensch den Tod in seinen vielen Formen erlebt hat, ist seine Vorstellung vom Tod eine des Eintritts ins Unbekannte. Er hat die Bedeutung des Todes noch nicht gelernt. Wenn ein Trauerfall eintritt, fühlt er sich Gott gegenüber schlecht, weil er ein solches

Ereignis in sein Leben gebracht hat. Es erinnert ihn daran, dass es sein eigenes endgültiges Schicksal ist.

Meine Tochter, es ist nur die quälende Angst vor dem Aussterben, die den Erdenmenschen den Übergang fürchten lässt. Weil er sich der Realität nicht stellen will, ziehen es viele vor zu glauben, dass der Tod das Ende aller Dinge ist. Für einen solchen Menschen ist der Tod eine gewaltsame Befreiung, denn die ängstliche Seele wird einen leichten Übergang nicht akzeptieren.

Meine Tochter, für die Venusianer und alle Wesen auf höheren Ebenen ist das, was den Erdenmenschen so sehr zuwider ist, ein Segen. Wir trauern nur, wenn ein Großer aus unserer Mitte geht, denn wir wissen, dass wir dann große Anpassungen vornehmen müssen, und das ist nicht immer leicht. Wie ihr euch erinnern werdet, war unsere wunderbare Königin Zona seit Jahrhunderten unter uns, gemessen an eurer Zeit. Während wir über unseren Verlust trauerten, freuten wir uns über ihr Ableben. Wir wussten, dass sie uns nicht verlassen hatte - dass ihre Führung hinter dem Vorhang, den ihr Tod nennt, weitergehen würde. Wenn die Lebensspanne beendet und der Zweck erfüllt ist, ist der Tod nur ein weiterer Schritt auf dem Weg der Seele. Das Leben geht von einer personalisierten Existenz zu einem unpersönlichen Leben über. Anstatt die zeitlichen Gewänder der Erde zu tragen, zieht derjenige, der gestorben ist, die Gewänder der ätherischen Welten an.

Wenn auf eurer irdischen Ebene der Tod eintritt, lösen sich die Atome des Fleisches langsam auf. Das liegt nur daran, dass die irdischen Körper aus dichterem Material bestehen als unsere. Wir haben gelernt, die Atome aufzulösen, so wie wir es beim teleportiven Flug tun. Das, was die Substanz des Körpers vitalisiert hat, wird zur Lebenskraft des Bewusstseins.

Fürchte dich nicht, wenn der Tod naht, mein Kind. Es ist nur die Angst vor dem Tod und nicht der Tod selbst, der wie ein Messer oder ein Schwert zuschlägt. Viele Erdenbewohner gehen ihrer Zeit voraus, denn wenn die Kräfte des Körpers am Ende sind und die Angst in die Seele eindringt - dann geht die Angst dem Ende entgegen.

Die Angst vor dem Tod geht zurück auf die Zeit, als eure Erde noch jung war. Der Erdenmensch kannte nur das, was seine Sinne ihn lehrten. Der Schrecken spielte eine Rolle in seinem Wachstum. Aber mit ihr kam die uralte Angst vor dem Tod.

Mein Kind, wenn der Erdenmensch nur einen Blick auf die glorreiche Welt werfen könnte, die ihm winkt, würde er seine Ängste schnell ablegen. Das, was ihn an die niederen Fegefeuer - die sogenannten Höllen - bindet, ist nicht der Tod. Es sind die eigenen Ängste des Menschen, die Gestalt angenommen haben. Wenn er sich nur hinter den Vorhang des Unbekannten wagen würde, könnte er das, was er fürchtet, verstehen. In diesem Moment würde er seine Ängste für immer verbannen.

Der Tod, mein Kind, ist wie der Wechsel eines Gewandes - von einem sterblichen Mantel zu einem Mantel aus farbigen Plasmen. Der Körper, ein vorübergehendes Haus aus Lehm, unterscheidet sich in seinen Teilchen nicht von der Substanz, aus der sich alle unentwickelten Formen der Natur zusammensetzen. Doch in der fleischlichen Form des Menschen gibt es einen Lebensfunken. Dieser Funke fehlt in den niederen Formen.

Es ist traurig, darüber nachzudenken, Kind der Erde ... aber es gibt nur wenige auf eurer Existenzebene, die ohne Befürchtungen sind, wenn die Übergangszeit naht, doch von der Geburt bis zum letzten Tag, an dem die Seele in einem sterblichen Körper untergebracht ist, hat sie unbewusst das gesucht, was sie befürchtet hat. Niemals war der Erdenmensch mit dem „Heute" glücklich, sondern er hat immer nach dem Morgen gesucht, das ihm Freuden bringen sollte. Jedes Morgen hat ihn näher zu dem geführt, was er unbewusst gesucht hat, denn die Seele sehnt sich danach, von der ewigen Quelle zu trinken. Diese unbewusste Sehnsucht nach Erneuerung ist der geistige Durst des Menschen. Der Körper kehrt zu dem Boden zurück, aus dem er gekommen ist, aber die Seele geht weiter und aufwärts in einer endlosen Runde des Fortschritts.

Unzählige Erdenmenschen haben sich die Frage gestellt, warum ein vollkommener Funke lange Leidenszeiten durchlaufen muss. Warum sollte er denselben Weg von Geburt und Tod beschreiten müssen?

Ich sage dir, meine Tochter, in jedem Leben, ob auf dem Planeten Erde oder den Myriaden von Planeten im Großen System, *leiht* jeder etwas aus, das für den endgültigen Sieg der Seele benötigt wird. Das ist der Weg Gottes, mein Kind. Es ist Sein Wille. Heißt es nicht in Ihrer Bibel: Denn da durch den Menschen der Tod kam, kam durch den Menschen auch die Auferstehung der Toten. Denn wie in Adam alle sterben, so werden in Christus alle lebendig gemacht werden.

Nein, meine Tochter ... der Tod ist nicht das Ende von allem, denn es gibt keinen Tod! Es wird ein Tag der großen Freude sein, wenn der Erdenmensch den Übergang nicht mehr fürchtet. An diesem Tag wird es kein Böses mehr auf der Erde geben, denn hinter jedem zerstörerischen Gedanken, hinter jeder bösen Tat ... steht die *Angst vor dem Tod.*

Wenn die Zeit kommt, in der ihr wie wir dabeisteht und zusehen könnt, wie das Leben aus der ursprünglichen Essenz entspringt, dann werdet ihr keine Ängste mehr haben. In eurer Bibel steht: In meines Vaters Haus sind viele Wohnungen. Wenn der Tod kommt und die Seele vor die Schranken der Gerechtigkeit tritt, wird sie in das Haus geschickt, das sie sich verdient hat. Sie lebt in der Umgebung, auf die sie sich eingestellt hat. So wie sich ein Stern vom anderen unterscheidet, so unterscheidet sich auch die Seele von der Seele. In jedem Haus wird die Seele gelehrt zu wachsen. Dies ist die unendliche Freude des Aufstiegs.

Ich höre dich seufzen, meine Tochter ... wie alle Kinder der Erde seufzen. Es erscheint dir jetzt wie eine Herkulesaufgabe, aber das Leben muss nicht stolpernd und unbeholfen sein. Es gibt Wegweiser, viele Wegweiser entlang des Weges. Das Wachstum der Evolution ist langsam und mühsam, aber das Ziel wird eines Tages erreicht werden.

In Ihrem Land Amerika erschien vor mehr als hundert Jahren einer dieser Wegweiser. Zwei zerbrechliche junge Frauen, die Schwestern Fox,* verkündeten der Welt - es gibt *keinen Tod*. Sie brachten Ihrem Kontinent die erste Stimme des Überlebens. Obwohl die „Rochester Rappings"** bis heute verspottet werden, hat das Bewusstsein, das von den vielen Gläubigen geschaffen und aufgebaut wurde, einen Samen gepflanzt, der eines Tages im Garten der Menschheit sprießen wird. Dieses gleiche Bewusstsein hat den Weg zum endgültigen Beweis geebnet. Selbst diejenigen, die spotten und höhnen, klammern sich tief in ihrem Innern an eine verzweifelte Hoffnung, dass sie nach dem Ende weiterleben.

Kind der Erde ... war es nicht die Hand Gottes, die an die Tür von Schwester Fox klopfte? Die Zeit war gekommen, dass die Erdbewohner diese Dinge erfuhren. Es gibt *keinen Tod*, meine Tochter. Vergiss das nie! Erinnerst du dich nicht an die Worte deines eigenen wahren Weisen, Will Rogers? Hat er nicht gesagt ... ‚Wenn man das Leben in vollen Zügen lebt, braucht man vor dem Tod keine Angst zu haben. Es ist ein Privileg, weiterzugehen'.

Und wieder verlasse ich dich mit den Segnungen der Venus. Lasst mich noch einmal sagen, dass ihr von Zeit zu Zeit eine Botschaft von hinter dem Schleier namens Tod erhalten werdet. Habt keine Angst ... aber versucht zu verstehen."

DIANE

* Fox Sisters: Leah (* 18. April 1813, † 1. November 1890), Margaretta (* 7. Oktober 1833, † 8. März 1893) und Catherine Fox (* 27. März 1837, † 2. Juli 1892).

** Anmerkung des Übersetzers: Der Begriff *rappings* meint so viel „Klopfen", „Schlagen", in dem Sinne hier: Auf etwas aufmerksam machen.

ÜBER DIE LIEBE

Das Gewitter zog weiter und ließ den Berggipfel mit frischer, sauberer Luft belebt zurück. Was für eine Erleichterung gegenüber dem düsteren Smog, den ich in der nun düsteren Stadt Los Angeles zurückgelassen hatte. Ich atmete die unverfälschte Frische ein und blickte in die windgepeitschten Baumkronen, wo die Vögel und die schnatternden Eichhörnchen ihr Zuhause hatten. Janie, das Haustier der Nachbarschaft, war ein paar Tage zuvor von einem Auto überfahren worden. Skinny, ihr scheinbar glühender Gefährte, war bereits dabei, einem anderen weiblichen Mitglied der Eichhörnchenfamilie den Hof zu machen.

Die Liebe! Die schönen Worte, von denen die Dichter singen ... Woraus bestand sie eigentlich? Ich musste an LeLando denken und an die schöne Liebe, die ich auf der Venus kennen gelernt hatte. LeLando hatte gesagt: „Entfernung ist kein Hindernis für die Liebe. Wenn der Geist verheiratet ist, kann es keine Trennung geben." Sechzehn Jahre waren vergangen, und nur ein einziges Mal hatte ich mit LeLando Kontakt aufgenommen, und auch das nur für einen Augenblick.

In diesen letzten gemeinsamen Stunden hatte LeLando gesagt: „Es wird immer diese glorreiche Einheit zwischen uns geben. Wir werden in einer Beziehung zusammen sein, die für immer göttlich ist... In Zeiten der Not brauchst du nur zu rufen, und ich werde da sein."

131

Worin hatte ich versagt? Warum hatte man mir erlaubt, einen Fuß in das Paradies der Liebe zu setzen, um mich dann in eine Welt des Tumults zurückzuschicken? Zurückgeschickt in den Treibsand des Lebens?

In diesem Moment hörte ich in meinem Kopf das Telefon klingeln. Diane hatte die Fragen gehört, die mein Geist gestellt hatte.

„Kind der Erde, wie oft wurde das kostbare Gut der Liebe für Gold an den Meistbietenden verkauft. Du hast nicht für Gold verkauft, meine Tochter, aber du hast die Warnung nicht beachtet, dass die Liebe eine beherrschende Kraft ist - ein Schutz gegen alle Fehler. Zurück auf der Erde hast du die Lektionen, die du gelernt hast, schnell vergessen. Jahrelang warst du nicht im Einklang mit der Kraft, die die Harmonien des Universums zusammenfügt. Jahrelang war dein Herz von Ängsten erfüllt, und deine Schritte sind nur auf Treibsand gestoßen. Du hast die Worte deines sanften Meisters ignoriert, dass ‚vollkommene Liebe die Angst vertreibt'.

Kind der Erde ... durch Liebe können alle Dinge verändert werden. Die Liebe ist die vereinigende Kraft des Universums. Alle wahren Manifestationen, ob auf der irdischen Existenzebene oder auf dem fernsten Stern, sind von der Liebe abhängig. Die Kräfte der Verwandlung sind im Herzen zu finden. Je mehr Liebe jemand besitzt, desto mehr von dem, was er sich wünscht, kann er haben. Die Liebe öffnet neue

Perspektiven. Sie umarmt die scheinbar fernen Realitäten. Die Liebe ist die Magie hinter allen Dingen, den sichtbaren und den unsichtbaren.

Den Erdenkindern wurde beigebracht, alle Dinge zu fürchten. Auf der Venus werden wir gelehrt, alle Dinge zu *lieben*. Vor allem lehrt man uns, Gott zu lieben, denn wir wissen, dass alle Dinge von Gottes Liebe getragen werden.

Eine schöne Liebe zwischen den sich paarenden Gegensätzen fügt sich in das kosmische Ganze ein wie eine Harfe in ihre Saiten. Es gibt kein größeres Glück, als wenn der Erdenmensch seine geistige Verwandtschaft trifft. Eine verliebte Frau bringt ideale Schöpfungen hervor. Ein Mann, der von der Liebe beseelt ist, zieht aus, um die Welt zu erobern. Die Liebe ist das größte Heilmittel, das es gibt.

Keine größere Liebe hat der Mensch gekannt als die deine, meine Tochter. LeLando war das geistige Symbol der Liebe. Deines war ein Seelenband, das vor langer, langer Zeit geknüpft wurde. Auf dem dornigen Pfad des Lebens ist diese Liebe durch viele seelische Dramen gegangen. Sie hat viele gesegnete Freuden erlebt. Deine Liebe wurde in den Feuern des Geistes entfacht. Eine Liebe, die du in der verzauberten und verzauberten Stille leben und wieder leben musst. Sie kann nicht durch den Tod getrennt werden, denn sie wurde in die Schriften der Unsterblichkeit geschrieben.

Kind der Erde ... die Liebe ist ein großes Abenteuer, aber sie hat viele Anlaufhäfen. Du kanntest die Freuden der Liebe für eine kurze Zeit, dann schien sie dir wieder entrissen zu werden. Aber keine Angst ... die Fäden des Schicksals sind kunstvoll gewebt. Es sind starke, unzerreißbare Fäden, die jeden Teil des großen Universums erreichen und umarmen können. Das Kettengeflecht der Liebe kann niemals zerbrochen werden. Es mag eine Zeit lang brachliegen. Es mag durch viele Erdenleben hindurch auf einer Mission für den Vater ruhen ... einem anderen Anlaufhafen. Aber wenn diese wunderbare Realität einmal berührt wurde, ob auf der Erde oder auf den Planeten im Himmel darüber, ist die Verbindung ewig. Sie ist da, um viele hungrige Herzen an der Festtafel der ewigen Feste zu speisen. Erinnere dich, meine Tochter, die Liebe ist die wahre Erhaltung der Gesundheit. Von Reichtum. Sie ist die Grundlage für wahres Glück und Verständnis. Wahre Liebe öffnet den Fluss zu den universellen Gezeiten. Sie ist der eigentliche Wein der Existenz.

Unter dem Zauber der Liebe, meine Tochter, kann man die Gesamtheit der Existenz erkennen. Die Liebe ist die Musik und die Fröhlichkeit des Geistes. Die Intuition der Liebe ist das Wort der Prophezeiung. Ein erfülltes Leben ist ein Leben, das von Liebe erfüllt ist. Wenn man wahrhaftig liebt, wird man vom Auftrieb der Liebe gehoben. Durch den Rausch der Liebe kann man die Teufelskreise, die das Leben für einen geschaffen hat, ohne weiteres überwinden.

Wenn die Liebe das Herz verzehrt, ist das Leben nicht umsonst zu ertragen, sondern in seiner Vollständigkeit zu genießen. Wer alles liebt ... seine Familie, seine Freunde ... seine Stadt und sein Land ... muss auch Gott lieben. Kind der Erde ... versuche, durch den Raum auf die Stimme dessen zu lauschen, der nicht vergessen hat. - Versuche, jeden Atemzug zu einem Atemzug der Liebe zu machen. Versuche, jedes Wort, ein Wort der Liebe zu machen. Mache jede Tat zu einer Tat der Liebe. Wer das tut, liebt und wird geliebt. Wenn ihr das große Juwel der Liebe in eurem Herzen findet, werdet ihr auf eurem Weg durch die Straßen des Lebens auch das Gute und Edle in jeder Seele finden, der ihr begegnet. Dann werdet ihr die Bedeutung der Worte eures Meisters kennen: Und du sollst deinen Nächsten lieben wie dich selbst. Wenn diese Art von Liebe alle Formen des Lebens umfassen kann, vom einfachen Menschen bis zu den heiligen Engeln ... dann werden die Wesen der Erde in Liebe leben und die Liebe in all ihren höchsten Ausprägungen kennen.

Wieder muss ich gehen, meine Tochter, und wieder gehe ich mit meinen Segnungen ...“

DIANE

ÜBER HEILUNG

Die wachenden Gipfel waren ruhig und gelassen; ein violetter Schattenschleier umgab sanft die hohen Klippen des San Jacinto Mountain. Auf der anderen Seite des Tals, in einer abgelegenen, idyllischen Schlucht, war ein heiliges Stück Erde für den Altar in der Wildnis reserviert worden - ein Zentrum für die Heilung der Krankheiten der Menschheit. Seit jenem Tag, an dem ich zum ersten Mal inspiriert wurde, die Pläne für das Heiligtum zu verwirklichen, war ich oft hierher gekommen.

Ich lag flach auf dem Rücken an der Stelle, wo der Grundstein gelegt worden war, und konnte durch den goldenen Glanz des Sonnenlichts den Engel von San Jacinto sehen. Vielleicht hatte der Engel seit Anbeginn der Zeit dort geruht, ein „Sinnbild der Gesundheit" für das Tal des Schicksals.

Ich spürte, wie die elektrischen Flüssigkeiten des Kosmos durch meinen Körper strömten, als ich plötzlich intensiv nach innen blickte - der Wüstensand, die zungenbewachsene Flora", die huschenden Eidechsen - sie alle waren ein lebendiger Teil von Gottes großem Plan. In diesem Moment wusste ich, wie schon der unsterbliche Shakespeare wusste: „Eine Berührung der Natur macht die ganze Welt zur Königin."

Es war nun fast drei Jahre her, dass die Propheten verfügt hatten, dass dieses Stück Erde als Brennpunkt für das heilende Bewusstsein dienen sollte. Hier sollte die blinde und strauchelnde Menschheit eines Tages aus ihrem Chaos in das gelobte Land des Neuen Morgens geführt werden. Es war kein bloßer Zufall, dass diese Region als Ort der Heilanbetung ausgewählt worden war. Schon Jahrhunderte zuvor hatten die alten Cahuilla-Indianer diesen Ort zu einer ihrer heiligen Stätten gemacht. -Die Indianer kamen von nah und fern, um in den heiligen Thermalquellen zu baden - denselben heilenden Gewässern, die heute unterhalb des Schreins fließen. Hier, an diesem sauberen Fleckchen Erde, würden neue Werte gefunden werden, und neue Werte sind immer die Spiralfeder für ein vielversprechendes Leben.

Die saubere Wüstenluft umschmeichelte meine Sinne, und ich fühlte mich pulsierend, magnetisch, lebendig. Mein Herz hämmerte bei diesem berauschenden Kontakt. Es sprudelte vor neuer Begeisterung, und das Bedauern, das ich noch kurz zuvor empfunden hatte, war verschwunden. Die einsame Schlucht war wie eine stille Kathedrale, die ich zum ersten Mal zum Gebet und zur Andacht betrat. Hinter einem unförmigen Indigobusch in etwa zehn Fuß Entfernung tauchte ein geisterhafter Schatten auf. Es war eher eine Vision als ein Gespenst - und ich wusste, dass es DIANE war.

„Kind der Erde", sprach sie ... „Heute komme ich mit der wichtigsten Botschaft, die bisher in dieser Reihe von Ansprachen überbracht wurde, denn genau hier auf diesem geheiligten Boden werden die längst verstorbenen

Jahrhunderte wiederbelebt werden. Auf dieser heiligen Erde ist der Schleier zwischen den Welten sehr dünn, so dünn, dass es schwierig ist, das Materielle vom Göttlichen zu trennen. Gedenkt der großen Worte eures Propheten Jesaja: Bereitet dem Herrn den Weg; macht in der Wüste eine Straße für unseren Gott. Hier auf diesem singenden Wüstensand wird die Menschheit dem Gesang der Seele lauschen. Viele Herzen werden sich für den universellen Strom der göttlichen Energie öffnen.

Dies ist nicht neu für dich, Kind der Erde. Vor einigen Jahren, als du von deiner seltsamen Reise zurückkamst, wurde dir gesagt, du solltest in dieses Wüstenland kommen. Du kamst und bist geblieben, obwohl du viele Male große Entbehrungen erlitten hast. Du hast viel Herzschmerz erfahren, aber das war Teil deiner Konditionierung; eine notwendige Voraussetzung für den Empfang der Dinge, die kommen werden. Bevor das Leben in neue Bahnen gelenkt werden kann, meine Tochter ... bevor die Wissenschaft etwas Neues erschaffen kann ... muss die Umgebung angepasst werden, um es zu empfangen.

Intuition ebnet den Weg zu neuen Horizonten. Intuition öffnet die Türen zu höheren Dimensionen. Wir von den Großen Planeten haben im Stillen auf eine vollkommenere Manifestation der Erde hingearbeitet. Ein teleskopisches Bewusstsein muss im Herzen der gesamten Menschheit geschaffen werden. Im evolutionären Fortschritt der Erde in den kommenden Tagen werden die Heilkünste betont werden. Wenn der

Erdenmensch von den sogenannten Wundern der Wissenschaft übersättigt ist - wenn diese vielen Allheilmittel nicht heilen können -, dann werden die Forscher zu den höheren Reichen geführt werden. Eure Wissenschaftler werden dann lernen, dass der Erdenmensch einen natürlichen Körper und einen Ätherkörper hat ... dass es eine Gegenseitigkeit im Gleichgewicht geben muss, wenn ein gesunder Zustand erhalten werden soll. Eure Wissenschaftler werden lernen, dass es nutzlos ist, den Körper zu behandeln, solange die aurische Hülle mit psychischen Ablagerungen gefüllt ist. Zwischen beiden Ebenen muss ein perfektes Gleichgewicht bestehen. Giftige Plasmen müssen ständig durch lebensspendende Substanzen ersetzt werden.

Eure Wissenschaftler haben nicht über das Oberflächliche hinaus geforscht. Sie haben es versäumt, die gleichen pragmatischen Prinzipien auf alle Ebenen anzuwenden - zu wissen und zu erkennen, dass es eine vollkommene Gegenseitigkeit zwischen der gesamten Schöpfung gibt. Wo nur die reinen Essenzen ein- und ausströmen, kann es so etwas wie einen kranken Körper nicht geben. Eines Tages wird es Instrumente geben, um diese Gleichgewichte zu überprüfen - um die Manifestation auf allen Ebenen zu messen.

Kind der Erde, menschliche Krankheiten werden dadurch verursacht, dass man zu weit in eine Richtung geht - und nicht weit genug in eine andere. Ein Individuum trägt *eine zu schwere Last an materieller*

Substanz, ein anderes ein zu großes Maß an geistigem Plasma. Seit undenklichen Zeiten hat der Erdenmensch nach einem Weg zur Gesundheit gesucht. Die frühen Religionen lehrten die Kunst des Heilens, aber diese Kunst ist mit dem Fortschritt der Zivilisation verlorengegangen. Wenn die spirituelle Suche ernsthaft betrieben wird, dann werden die Krankheiten der Menschheit verschwinden. An diesem Tag werden die Bedürfnisse der Seele erkannt werden.

Die Wissenschaft wird gelernt haben, wie man die universellen Harmonien nutzbar macht. Eure wissenschaftlichen Männer werden nicht länger rätseln ... sie werden *wissen*, dass alle Dinge durch dieselbe unsichtbare Schnur miteinander verbunden sind. Dass alle Elemente miteinander verbunden sind, eines aus dem anderen. Kind der Erde, die wahre Essenz ist die Ursubstanz - die Keimlinge von Gottes vitaler Lebenskraft. Ihr werdet in eurem heiligen Buch lesen, Könige 5:4: „Und sein Fleisch wurde wieder wie das Fleisch eines kleinen Kindes, und er war rein.

Noch vor dem Ende deines Jahrhunderts, meine Tochter, wirst auch du die Entdeckung des LEBENS erleben. Du wirst die Gesetze der universellen Gravitation verstehen. Wenn die Uhr des neuen Schicksals schlägt, wird die Wissenschaft die Seele der Zivilisation berührt haben. Eure Wissenschaftler werden wissen, wie sie das Prinzip der Schwingung und des Rhythmus anwenden können, denn sie werden es im Zentrum aller Dinge gefunden haben.

Die Menschheit muss auf den neuen Zustand der Gesundheit vorbereitet werden. Im Zuge des wissenschaftlichen Fortschritts müssen verfestigte Gewohnheitsformen aufgebrochen werden, denn letztlich ist Krankheit nur eine auskristallisierte Gewohnheit. Wenn dies nicht schnell geschieht, wird das Ergebnis ein Virus in der Blutbahn der Menschheit sein. Ein Virus, der zur Korruption und zum Verfall des Erdenmenschen führen wird.

Geistiges Heilen ist eine wahre Wissenschaft, meine Tochter ... die wahrhaftigste von allen. Wenn die Denker der Erde sich vom Atom zu den lebensspendenden Plasmen wenden, dann werden die größten Fortschritte in eurer langen Geschichte gemacht worden sein. An jenem Tag werden die Körper nicht mehr mit eingesperrten, giftigen Atomen beschwert sein. Die Lebensspanne wird sich verlängern. Der wahre geistige Heiler ist der Chirurg der Seele.

Du fragst, wann dies geschehen wird? Die äußere Welt bewegt sich langsam, meine Tochter. Die innere Welt bewegt sich mit der Geschwindigkeit des Lichts. Wenn es kommt, wird es im Handumdrehen geschehen, wie ihr Erdbewohner sagt.

Heute steht eure Welt in Ehrfurcht vor Wunderheilungen. Und das trotz der Klarheit der Botschaft, die der Meister Jesus hinterlassen hat. Eure Wissenschaftler betrachten das physische Vehikel als Medium der Krankheit, während dieses nur das kristallisierte Gegenstück einer verzerrten Hülle ist, die sich darunter befindet, der Ätherkörper. Der Gesundheitszustand des physischen Körpers ist völlig abhängig vom Gesundheitszustand des Ätherkörpers. Eure Wissenschaftler sind nicht gewillt, dies zu untersuchen, sie wollen nicht versuchen, die Beziehung zu begreifen, wie sie für das Leben und das Wohnen gilt. Sie weigern sich zu glauben, dass alle wirkliche Heilung außerhalb des Körpers stattfinden muss; der Erdenmensch funktioniert in einem und durch einen Körper, aber er ist kein materielles Wesen.

Das Prinzip der geistigen Heilung ist in der Tat einfach. Könnte ich dich nur hinter die Kulissen führen, würde ich dir das Gerüst oder die Struktur zeigen, welche die Lebenssubstanz trägt. Du wirst sehen, dass es mit der Kunst und Geschicklichkeit eines Spinnennetzes konstruiert ist und diesem auch äußerlich nicht unähnlich ist. Es besteht aus unendlich feinen seidenen Drähten, durch die eine Substanz fließt, die etwas schwerer ist als die Konsistenz von Milch ... von weißer Farbe mit einem leichten Blaustich in der aurischen Emanation. Der schwächste *psychische Sinn* des Erdenmenschen war nicht in der Lage, das Wunder zu erkennen, das hier geschieht. Bis geeignete Präzisionsinstrumente geschaffen sind, wird dieses Geheimnis bestehen bleiben. Wenn es dem Erdenmenschen möglich wäre, den unsichtbaren Mechanismus zu sehen, der den physischen Körper umgibt, oder vielleicht sollte ich besser sagen, der das netzartige Gerüst umgibt, dann könnte man das feine, goldene Gitter sehen, das als Filter fungiert, durch den die edlen Substanzen einströmen und die giftigen, unerwünschten Plasmen ausströmen, Dieses Gitter ist mit winzigen Punkten aus zartem Flaum verstärkt, der dazu bestimmt ist, die Trümmer aufzufangen. Von diesem Punkt aus wird die elektrische Energie aus dem Universum bezogen.

Um es anders zu erklären, meine Tochter ... durch die winzigen Öffnungen dieses Gitters - die *Einfassung* - wird die Lebenskraft eingelassen. Denn die Lebenskraft ist nicht mehr und nicht weniger als die Plasmen, die auf höheren Ebenen immer vorhanden sind. Das Geheimnis der augenblicklichen geistigen Heilung ist von diesen Plasmen abhängig. Der Körper wird nur dann krank, wenn die Plasmen ihre Fähigkeit, zu dienen, verloren haben. Sie verlieren ihre Fähigkeit zu dienen, wenn das Gitter verstopft oder gestört ist. Denke daran ... das *Leben* existiert nicht im Körper, sondern in einem vom Körper entfernten Bereich. Es dient dem Körper mit Hilfe dieser *Umgebung*. Wenn die Kanäle aus dem universellen Feld offen und freigehalten werden und der Bereich zwischen dem Gitter und der physischen Form und diesem goldenen Gitter sauber und rein bewahrt wird, können Krankheitskeime an keiner Stelle im Körper Fuß fassen. Wenn das Zellleben unter der Kontrolle und Herrschaft des Geistes gehalten wird, wie bei der geistigen Heilung, dann löst sich bei der Transmutation das unerwünschte Material augenblicklich auf. Du siehst, meine Tochter, nur wenn es eine richtige

143

Abstimmung zwischen dem Inneren und dem Äußeren gibt, können die magnetischen Kräfte des Universums frei fließen.

Kind der Erde ... Heilen bedeutet lediglich, den Zustand der Krankheit durch geistige Osmose in einen Zustand der Gesundheit zu verwandeln. Geistiges Heilen ist eine wahre Wissenschaft. Die wahrhaftigste von allen. Wenn man dem Körper Eiter einflößt, schafft man künftige Abscheulichkeit. Wenn man dem Körper reinen Eiter zuführt, schafft man einen dauerhaft gesunden Zustand. Wenn euer wissenschaftlicher Verstand sich vom Eiter abwendet und sich der kosmischen Hellseherei zuwendet - dann wird er die vielen Antworten finden, die sich ihm heute entziehen.

Inspirierte Visionen sind die Vorboten zukünftiger Ereignisse. Eine der großen Offenbarungen eurer Tage kam, als euch gesagt wurde, ihr sollt auf diesem Streifen geheiligter Erde einen Heilungsschrein errichten. Unzählige Wunderheilungen werden sich hier ereignen. Viele, die zu Besuch kommen, werden von Wellen spiritueller Ekstase mitgerissen werden. Andere werden einen neu erweckten Geist erleben. Einigen wenigen wird die Erleuchtung zuteilwerden. In den kommenden Tagen wird dieses heilige Heiligtum eine der Kontaktstellen zwischen dem Planeten Venus und dem Planeten Erde sein. Viele werden die Stimmen aus anderen Sphären hören.

Meine Tochter ... die heilige, glühende Flamme, die in dir vor deiner Abreise in unser Land der Herrlichkeit entzündet wurde, wird auch in anderen entzündet werden. Ich sage dir, lass die Weihrauchgefäße immer brennen. Haltet eure Feuer auf dem heiligen Altar am Leben. Dann werdet ihr in der Lage sein, unsere Leuchtfeuer zu sehen. Ihr werdet in der Lage sein, mit uns zu kommunizieren. Außerdem wirst du GOTT im wahren Licht der Erkenntnis GOTTES erkennen. Ich verabschiede mich jetzt, meine Tochter, denn ich habe viel Arbeit auf anderen Ebenen zu tun. Ich arbeite nicht nur auf den konkreten Ebenen der Existenz, sondern auch in den ätherischen Welten. Ich gehe jetzt in meine ätherische Heimat in Äther-Kana.

Ich werde zurückkehren - aber in der Zwischenzeit, während ihr wartet, führt eure Arbeit mit einem erleuchteten Herzen fort. Fürchtet nicht die Rückschläge, die sich euch in den Weg stellen werden. Die Tür zu transzendentalen Erkenntnissen ist geöffnet worden. Nutze deine Möglichkeiten bis zur äußersten Grenze. Wenn du Zweifel hast, wirst du hier in deinem Wüstenheiligtum immer die Antwort finden.

Gott segne dich, mein Erdenkind ... bis wir uns wiedersehen."

DIANE

ZUSAMMENFASSUNG

JEDER Leser von MEIN FLUG ZUR VENUS stellte sich die Frage: War die Erfahrung der Autorin vor sechzehn Jahren ein mystischer Seelenflug oder ein Abenteuer in einer außermenschlichen Ausdehnung, bekannt als „Teleportation"? Da dieses Buch 1939 geschrieben wurde, basiert es sicherlich nicht auf einer Illusion oder einem Enthusiasten, der „fliegende Untertassen" gesehen hat: Sollte sich herausstellen, dass alle Sichtungen von Untertassen in Wahrheit nur das Ergebnis menschlicher Fantasie wären, würde dies meine ungewöhnliche Erfahrung nicht entkräften. Im Gegenteil, es würde sie sogar noch verstärken.

Wenn diese seltsamen Raumfahrzeuge, die ständig an unserem Himmel auftauchen, von anderen Planeten kommen, was ist dann ihre Aufgabe auf der Erde? Dies ist eine weitere Frage, die mir häufig gestellt wird und die nicht in der Sprache der gesamten Menschheit beantwortet werden kann. Obwohl an einigen unserer führenden Universitäten parapsychologische Forschung betrieben wird und einige unserer besten Denker sich ernsthaft mit Psychismus und ähnlichen Themen befassen, sind psychische Themen im Allgemeinen immer noch bei den Massen verpönt.

Für Diejenigen, die es *wissen*, weil sie die *Erfahrungen* gemacht haben, ist wahrer Psychismus die Wahrnehmung göttlicher Vision. In dem Maße, wie menschliches Leben im Bereich des bislang Unbekannten wahrgenommen wird, führt dies zu neuem Wissen, werden neue Dimensionen zu den Bandbreiten des Lebens hinzugefügt. Jedes wahre psychische Geheimnis von heute wird zur Realität von morgen.

Ich zitiere aus MEIN FLUG ZUR VENUS: „Obwohl es nie leicht ist, eine zweifelnde Welt davon zu überzeugen, dass das menschliche Vehikel so weit sensibilisiert werden kann, dass die Seele in den höheren Äthern reisen kann, so tauchen doch überall in der Geschichte Anzeichen dieser Art auf. Die von ihrem schwerfälligen Körper befreite Seele kann Dimension um Dimension des ätherischen Raumes durchdringen. Der Seelenreisende bahnt sich lediglich den Weg über neue und unerforschte Pfade. Es ist die Aufgabe der Seele, voranzugehen und den Weg zu sprengen, dem der Weltenwanderer folgen muss."

Heißt das nicht, dass wir die Mystiker, die Träumer – Diejenigen, die fähig sind, das Jenseits zu erkennen – für die Verwirklichung der Realität von morgen heranziehen müssen? Wenn die menschlichen Wahrnehmungen erweitert werden, kann die Substanz der Erkenntnis in greifbare Dinge geformt werden.

Die Seher und Mystiker sagen uns, dass diese Außerirdischen in dieser Zeit zu uns kommen, weil wir in größerer Gefahr sind, als wir ahnen. Dass das Gefüge unserer Zivilisation bedroht ist.

Sie glauben, dass wir vor einer physischen Zerstörung stehen, die so weit geht, dass die gesamte menschliche

Familie vom Angesicht der Erde getilgt werden könnte. Dies bedeutet, dass wir unsere Chance, uns weiterzuentwickeln, opfern müssen. Es ist die heilige und zwingende Pflicht der höheren Lebensordnungen, einzugreifen. Für Diejenigen, die sich auf den „größeren Planeten" aufhalten, gibt es nur EIN UNIVERSUM. Alle sind unbewusst in einer universellen Bruderschaft miteinander verbunden.

Wenn sie bereit sind, auf ihre eigene glorreiche Lebensweise zu verzichten, um uns zu helfen, dann sollten wir bereit sein, das zu tun, was wir können, um ihnen zu helfen. Wenn sie uns mit einem Plan und einem Ziel inspirieren können, mit dem wir die Kraft aufbringen können, das Alte zu stürzen und das Neue einzuweihen ... warum sollten wir ihnen dann nicht unsere Dienste in vollem Umfang anbieten?

Tausende beginnen, sich mit dem hoffnungsvollen Gedanken anzufreunden, dass die Zeit nicht mehr weit entfernt ist, in der wir von Planet zu Planet gehen werden. In den Heiligtümern der Regierungen wird darüber gesprochen. Es ist in aller Munde, bei Kindern und Erwachsenen gleichermaßen.

Am Rande dieser vielen evolutionären Veränderungen wird sich mit Sicherheit ein neues Evangelium herausbilden. Seit Beginn dieses langen und mühsamen Zyklus sind wir hin- und hergerissen zwischen göttlichen Sehnsüchten und von der Mutter geschaffenen Leidenschaften. Heute müssen unsere moralischen

Schaufeln tiefer graben als unsere angestammten Pfahlwurzeln, wenn wir einen echten Reinigungsprozess in Gang setzen wollen. Wenn wir uns dieses „neue Evangelium" von der Venus oder einem anderen fernen Planeten ausleihen können, wird es helfen, unsere eigene Leidenszeit abzukürzen. Wenn das wissenschaftliche Genie anderer Planeten uns helfen kann, die schweren Schichten böser Einflüsse zu absorbieren, die sich im Laufe der Jahrhunderte aufgetürmt haben, warum sollten wir dann mit Geschenken und Belohnungen geködert werden, um ihnen das Beste zu geben, was in uns steckt? Ist es nicht unsere Pflicht, ihnen zu helfen?

Eine weitere Frage, die sich der Laie stellt, ist: Wenn fliegende Untertassen real sind, warum dann all die Geheimnisse um sie? Ich glaube aufrichtig, dass die Zeit kommen wird, in der sie in großer Zahl landen werden, aber zuerst müssen sie sicher sein, dass es keine Kriegskeime mehr auf der Erde gibt.

Es gibt keine magische Formel, um die Herrlichkeit der Venus zu erlangen. Seit unzähligen Jahrhunderten haben unsere eigenen „Weisen" versucht, uns den Weg zu zeigen. Wenn wir lernen, unsere Energien in universelle Bahnen zu lenken, wird sich dies automatisch einstellen.

So wie wir wertvolle Kunstgegenstände aus den entlegensten Winkeln der Welt importieren, können wir die Werte aus der Ferne in unsere eigenen Verhältnisse einbringen. Wenn wir uns selbst erweitern, finden wir einen neuen Lebenszweck. Wenn wir erst einmal wissen, *wohin* wir gehen und *warum*, werden wir mit dem Feuer der Begeisterung brennen, um voranzukommen.

Eine andere Frage: Wie können wir unseren Freunden aus der Ferne helfen? Zunächst können wir ihnen mit unseren „Gedanken" helfen. *Gedanken sind Dinge,* und wenn wir im Denken eins sind, können wir auch im Handeln eins sein. Das Denken schafft Bewusstsein und das Bewusstsein regiert die Welt. Neues Bewusstsein bedeutet neuen Glauben, und neuer Glaube kann uns über die Schwelle zu diesem glorreichen neuen Zyklus tragen. Das Christentum wurde auf Bewusstsein aufgebaut. Der Mohammedismus wurde auf Bewusstsein aufgebaut. Der Buddhismus wurde auf dem Bewusstsein aufgebaut. Alle großen Religionen - alle weltbewegenden Philosophien wurden zuerst durch ein riesiges Kettenwerk des Bewusstseins in die Struktur des Lebens eingebaut.

Alle, die heute versuchen, das interplanetarische Rätsel zu lösen, glauben, dass diese Weltraumbesucher bald in großer Zahl hier sein werden. Viele sind wie ich der Meinung, dass sie buchstäblich zu Tausenden in der Nähe sind, und dass sie im Notfall fast sofort hier sein können. Ich habe es sowohl in Visionen gesehen, als auch von Diane gesagt bekommen, dass sie jetzt ein Fundament bauen, auf dem eines Tages Städte im Himmel entstehen werden. Hier werden sie ihre Leuchttürme aufstellen. Dies wird ihr Wachturm sein, von dem aus sie Signale aussenden werden. Von diesem Aussichtspunkt aus werden sie ihren Einfluss ausüben.

Sie werden das Licht in den Herzen von zahllosen Millionen Menschen zum Leuchten bringen. Denjenigen, die bereit sind, sie zu sehen, wird es erlaubt sein, mit ihnen zu sprechen und sie so zu erkennen, wie sie sind.

Die Venusianer leben in Frieden und Glück. In ihren Herzen wollen sie, dass auch wir diesen Frieden erfahren. Die Herzen der Menschen weinen heute wegen des Aufruhrs, in dem sie leben müssen. Wenn wir die Wahl hätten, würden die meisten von uns am liebsten vor den Explosionen der Welt weglaufen.

Bei einer Bestandsaufnahme des menschlichen Lebens habe ich mit Erstaunen festgestellt, wie viele von ihnen leidenschaftlich nach einer neuen Lebensform suchen. Sollten all jene, die behaupten, diese „unidentifizierten Flugobjekte" seien nichts weiter als kosmische Dämpfe und verspielte Möwen, vor dem Gericht der öffentlichen Meinung obsiegen, würde dies das große Gute, das sich daraus bereits ergeben hat, nicht zunichtemachen. Jeder große Denker hat gesagt: „Was immer der menschliche Geist sich vorstellen kann, kann er letztendlich auch erreichen." Dies hat sich immer wieder bewahrheitet. Heute ist die ganze Welt weltraumorientiert. Mit genügend „Fantasie" hinter diesem Gedanken wird morgen die Raumfahrt ein alltägliches Ereignis sein.

Ich halte jedenfalls nichts von der Idee der „Vorstellungskraft". Das Schicksal vollbringt auf seltsame Weise seine großen Wunder. Die Bibel sagt: „Und diese Zeichen folgen denen, die glauben".

Diejenigen, die glauben, sind die Privilegierten. Sie stehen wie ein Fels, ein Bollwerk gegen alle falschen Vorstellungen.

Wir befinden uns an der entscheidenden Wende einer Epoche. Wie wir die Kurve kriegen, liegt an uns. Von Zeit zu Zeit wird jemand aus der Masse herausgehoben werden, um den Weg zu weisen. Sie werden in der Lage sein, die Wegweiser entlang des Pfades zu lesen. Einige wenige werden ihre Warnungen beherzigen. Diese wenigen werden helfen, andere in die Herde zu führen. Es wird kein freier Weg sein. Es wird mit Sicherheit Schwierigkeiten geben, aber diejenigen, die die Gefahren nicht scheuen, werden sicher ankommen. Wenn wir gemeinsam an einem Strang ziehen, wird es leichter sein, den Weg zu gehen. Es erfordert großen Mut, unseren Wirkungskreis zu erweitern, aber was haben wir zu verlieren?

Wenn wir uns aufmachen, die Geheimnisse des Lebens zu erforschen, werden neue Begeisterungen geboren. Jede Nation in der Welt, die Größe erlangt hat, tat dies aufgrund ihres Pioniergeistes. Wir haben an unseren eigenen irdischen Grenzen Pionierarbeit geleistet. Nun hat sich ein neues Tor für uns geöffnet. Einige von uns mögen auf dem Weg dorthin Fehler machen, aber es ist ein Sprungbrett nach vorn. Wenn wir uns weigern, diese ersten wackeligen Schritte zu tun, werden wir nicht ankommen.

In dem Maße, in dem die Zahl derer zunimmt, die sich im Schoß des EINEN GEDANKENS versammeln, beginnt sich das Bewusstsein allmählich zu verändern. Wenn die neue Sichtweise im Körper der Menschheit eingeführt wird, werden neue Lebensmuster entworfen. Die Veränderung wird bald im Leben unzähliger Menschen sichtbar. Je mehr Energie der Mensch dafür einbringt, desto schneller wächst er.

Dies ist eine Aufgabe, an der sich alle beteiligen können. Eine Aufgabe, an der sich alle gerne beteiligen sollten.

Wie kann sie vollendet werden? Bewusstsein heißt *glauben* - Glauben haben und diesen Glauben dann auf andere ausdehnen. Wenn wir uns bewusstwerden, dass etwas Besseres auf uns wartet, dann können wir dazu beitragen, dass unsere Welt auf die gleiche Weise bewusstwird.

Hunderte von Jahrhunderten sind vergangen, seit der gegenwärtige Zyklus eingeläutet wurde. Die siebte Posaune hat geblasen. Horcht, die Engel singen!

Denn „jetzt sind die unbeständigen Reiche der Welt zum Reich unserer Welt und seines Christus geworden." Off. 11,15.

ENDE